청산별곡 70

청산별곡 70

오두범

문예바다

| 머리말 |

    65세에 정년 퇴직을 하고 3년여 시간이 흐른 68세에 중학교 동창 친구들과 등산을 시작하였다. 처음에는 수요산행이라고 하여 매주 수요일 오전 10시 과천 대공원역에서 만나 주로 대공원 둘레길 7.5Km를 걷는 것으로 시작하였다. 그런데 같이 다니는 팀원 중에 교회 장로님이 있어서 수요일 낮은 수요 예배에 참석을 해야 되니 하루 뒤로 미루어서 산행을 하자고 해서 목요산행이 된 것이다.
    2011년 봄이라고 생각되는데 친구 모친상에 문상을 다녀오다가 차중에서 매주 수요일 수요산행을 해 보면 어떻겠느냐고 얘기가 되어 시작이 되었다. 중학교 동창 등산팀들과

나는 처음 같이 해 보게 되는 것인데 이 친구들은 벌써 몇 년째 월요산행 팀을 꾸려 서울 근교 산은 물론이고 경기도 강원도 일원의 이름 있는 산들 그리고 가끔 지리산 설악산 등산을 즐기고 있었다고 한다.

중학교 동창이고 나이도 비슷하지만 이 사람들은 등산 경력이 만만치 않고 또 체력도 좋은 사람들이라 월요산행 팀에 왕초보인 내가 합류한다는 것은 무리스러운 일이 아닐 수 없다. 나 말고 친구 정장로 역시 그동안 거의 등산을 안했기 때문에 월요산행은 불가하다 하여 따로 수요산행팀을 꾸리게 된 것이다. 어쨌든 나이는 70객이지만 오랜 등산 경력으로 실력이 탄탄한 월요산행팀의 리더들 민대장(이 사람도 사회적 직함이 따로 있지만 등산꾼들 사이에서는 대장이라는 이름이 가장 명예롭기 때문에 이렇게 부른다), 백대장(우리 모임에서는 부대장 격인 사람), 김회장(동창회장을 역임하였기에, 그리고 기업인 출신이다), 윤감사(체신청 감사관 출신)-이들은 나중에 합류한 등산 초보 정장로와 필자의 페이스에 맞추어가면서 목요산행을 시작하였다. (고등학교 동기 이사장은 조금 더 나중에 합류하였다.)

그런데 시간이 조금 흐르다 보니 목요산행도 좀 자신감이 붙어 이제 평탄한 흙길보다는 울퉁불퉁한 바윗길을 걷기 시작하였다. 그래서 지금은 주로 많이 가는 곳이 북한산, 도봉산, 관악산, 청계산의 다양한 코스들과 천마산, 삼악산(춘천), 팔당 양수리 권의 산들이다. 나이 70에 하루 최하 6시간, 그리고 보통 7~8 시간을 걷게 되니 왜 이 죽을 고생을 사서 하는가 한심한 생각이 들 때도 있다. 그러나 한 발짝 한 발짝 힘겹게 올라가다 보면 어렵게 오르는 만큼 주어지는 보상이 바로 따라붙는다. 다리는 아프지만 물소리 바람소리 산새소리 푸르른 삼림과 초록의 숲, 울퉁불퉁한 바위 언덕, 아기자기한 능선 길을 걸을 때의 즐거움은 세상의 어떤 즐거움에도 비길 수 없는 것이다.

산에 오르기 시작하면서 왜 이 고생을 사서 하나 하는 생각이 들 때마다 나는 이태백의 시 山中問答(정식의 제목은 山中答俗人)을 떠올리곤 한다.

山中答俗人

李太白

問余何事栖碧山 (문여하사서벽산)
笑而不答心自閑 (소이부답심자한)
桃花流水杳然去 (도화유수묘연거)
別有天地非人間 (별유천지비인간)

나에게 어찌하여 푸른 산속에 사느냐고 묻는다면
대답 없이 빙긋이 웃을 뿐이지만 마음은 한없이 한가하다네
시냇물 위로 복사꽃이 떨어져 졸졸졸 흘러가는 그곳
무릉도원 별천지이지 사람 사는 곳이 아니라네

 나는 수필가는 아니다 그러나 등산가는 더욱 아니다. 수필가가 아니면서도 글쓰기는 꽤 좋아하는 편이다.
 등산가가 아니지만 산은 누구보다도 좋아한다. 요즘 산이 좋아서 산에 오르는 사람들의 대부분은 자신의 등산기를 블

로그로 만들어서 올린다. 나도 할 수만 있다면 아름다운 산경을 카메라로 찍어서 블로그로 올리면 좋겠다는 생각을 많이 한다. 요즘은 휴대폰에 성능 좋은 카메라 기능이 다 구비되어 있기 때문에 사진 찍기도 쉽다. 그러나 남들이 쉽게 하는 사진 찍기를 난 잘 하지 못한다. 사진 찍기에 소질도 없지만, 또 솔직히 말하면 별 관심도 없다. 그렇기 때문에 산을 좋아하면서도 등산 블로그 한 페이지를 못 만들고 있다.

그 대신 산에 오르는 환희를 사진이나 글이나 무엇인가의 수단으로 표현해 보고자 하는 욕구는 누구보다도 강하다. 사람은 누구나 자기가 할 수 있는 일을 하는 것이다. 등산 블로그는 잘 만들지 못하더라도 산행 수필이나 산행 일기라면 얼마든지 쓸 수 있을 것 같았다.

그래서 그동안 68세로부터 70대 중반 사이 5~6년간을 나에게 주어진 능력의 범위 내에서 서울 근교의 나지막한 산들을 찾으면서 그때그때 수필 형식의 등산 일기를 적어 왔던 것이다. 이 글들을 블로그를 올리는 웹사이트가 아니라 내 고교 동창회의 인터넷 카페에 몇 년에 걸쳐 연재하였었다. 말하자면 사진 한 장 쓰지 않고 글로만 된 등산 블로그였다고나 할까?

　지금 와서 내 기력과 의욕은 거의 소진되어서 기껏해야 평탄한 둘레길도 7~8km 이상은 걷지 못하게 되었지만 산을 사랑하는 마음만은 그때나 지금이나 똑같은 것이 사실이다.

　　살어리 살어리랏다 청산에 살어리랏다.
　　머루랑 다래랑 먹고 청산에 살어리랏다.

　10여년 전 등산을 처음 시작할 때의 보행 능력만 내게 남아 있더라도 매일이라도 산을 찾아 내 나름의 청산별곡을 읊조리고 싶은 마음 간절할 뿐이다.

저자 오두범

| 차례 |

머리말……5

(1) 해골바위…13 |(2) 숨은벽…17 |(3) Anyway, My way.…21
(4) 족두리봉1…25 |(5) 족두리봉2…30 |(6) 차마고도…34
(7) 비봉1…38 |(8) 비봉2…44
(9) 천마산1…48 |(10) 천마산2…53
(11) 대둔산1…56 |(12) 대둔산2…61 |(13) 대둔산3…66
(14) 여성봉…69 |(15) 오봉…72 |(16) 천축사…76
(17) 옥녀봉- 매봉…80 |(18) 과천매봉- 이수봉…85
(19) 석기봉- 매봉…90 |(20) 청계산 종주…94
(21) 문수봉 오르기…99 |(22) 연화봉에서…103
(23) 문수봉 정상에서…107 |(24) 대남문…111
(25) 형제봉…115 |(26) 보현봉을 바라보며…119
(27) 대성문- 보국문…123 |(28) 칼바위 능선…127
(29) 도봉산 보문능선…131 |(30) 우이암과 무수골…137
(31) 다락능선…141 |(32) 포대 능선…146
(33) 도봉산 Y계곡…149 |(34) 자운봉과 신선대…154
(35) 호명산1…159 |(36) 호명산2…164 |(37) 호명산3…168

(38) 관악산 6봉 능선1…172 | (39) 관악산 6봉 능선2…176

(40) 관악산 6봉 능선3…180

(41) 수리산 들머리…183 | (42) 슬기봉 찍고…187

(43) 수암봉 가는 길…192 | (44) 수암봉에서…197

(45) 하산길 알바…201

(46) 청계산 백설부1…205 | (47) 청계산 백설부2…209

(48) 탕춘대 능선길1…213 | (49) 탕춘대 능선길2…217

(50) 물개 바위 비탈…221 | (51) 승가공원 산길…225

(52) 도봉산 거북골…229 | (53) 도봉산 물개 바위…233

(54) 도봉산 칼바위…237

(55) 비너스의 배꼽…241 | (56) 도봉산 기둥바위…245

(57) 관악산 신록예찬1…249 | (58) 관악산 신록예찬2…253

(59) 관악산 신록예찬3…258 | (60) 관악산 신록예찬4…263

(61) 관악산 낙성대 코스1…268 | (62) 관악산 낙성대 코스2…273

(63) 관악산 낙성대 코스3…277 | (64) 관악산 낙성대 코스4…281

(65) 자운암 능선 하산1…283 | (66) 자운암 능선 하산2…287

(67) 예봉산-예빈산1…290 | (68) 예봉산-예빈산2…294

(69) 두물머리1…299 | (70) 두물머리2…305

산행수필(1)

해골바위

  오늘은 70대 왕초보 등산객이 몇 명의 산친구들과 함께 북한산을 올랐다. 3호선 연신내역에서 10시에 만나 시내버스를 타고 북쪽 방향으로 한참 가다가 효자비 정거장에서 하차하였다. 거기서 북쪽 밤골공원 방향으로 조금 올라가다 보면 국사당이라는 굿당이 나오고 굿당 앞길로 해서 계속 올라가면 사기막골이 나오는데 여기는 군부대 훈련장이 있어 더 이상 갈 수 없다. 따라서 사기막골 가기 전에 오른쪽 능선 방향의 등산로로 진입해야 백운대 권의 북한산 산행을 계속할 수 있다.

  등산 안내 표지판이 백운대을 가리키는 방향을 따라 오르는 능선길의 초입은 동네 뒷산의 평탄한 산책길과 별반 다름이 없는 모습이었지만 등산로를 따라 한 40분 걷는 동안 숲이 점점 깊어지면서 심산의 풍모를 서서히 드러내고 있었다. 산비탈에는 굴참나무와 같은 활엽수들이 군락지를 이루고 북향 받이 응달지역에는 가늘고 긴 나무들이 그 키 높이를 조금이라도 더 하려고 긴 목들을 쭉쭉 빼고 늘어서 있다.

그러다가 조금 올라가면서부터는 능선길이 아니라 가파른 비탈길이다. 지금까지 올라온 부분이 산자락이었다면 여기서부터는 담벼락 같은 산길을 오르는 것이다. 가파른 등산로는 군데군데 파여 있고 기본적으로 자갈, 계단돌, 들어난 나무 뿌리 등으로 울퉁불퉁 꾸불꾸불하다. 이름 모를 잡목들과 키작은 소나무 그리고 야생초가 엉클어진 비탈길을 기어 올라간다. 비탈이 심한 곳에서는 손을 이용해서 바위 틈이나 나뭇등걸을 부여잡고 전진한다.

그렇게 한 40분 동안 오른 지점에서 하늘이 보이고 하늘이 보이는 깔딱고개 마루에 백운대 2.7Km라는 표지판이 나온다. 표지판에서 가리키는 백운대 방향으로의 능선 길은 한동안 평탄하게 펼쳐진다. 그러나 그것도 잠깐 그 능선 길은 바위 절벽으로 막혀 있는 직벽을 만나게 된다. 여기서 또 하나의 담벼락 산행이 시작되는 것이다. 이곳의 담벼락은 첫 번째 담벼락과 같이 나뭇등걸 울퉁길이 아니라 미끄러운 용암 바위 비탈이다. 경사각도 첫 번째 비탈에 비할 바가 아니다. 발목의 힘으로 걷기보다 무언가 손으로 부여잡고 매달려 올라가야 된다.

  이렇게 험난하고 까다로운 비탈을 기어 오르니 해골바위가 나왔다. 자연의 풍화 작용은 어떻게 저렇게 묘한 모양의 바위를 조각하여 놓았을까? 해골바위는 원래 하늘을 향하여 누운 평평하고 넓적한 바위였을 것이다. 그 바위 위로 비 내리고 눈 내리고 바람 불어 씻어내고 스며들고 또 씻겨 내려가기를 수 천년 아마도 몇 만년 하다 보니 저렇게 되었을 것이다. 바위 표면에서 재질이 단단한 부분은 그냥 살아남고 재질이 약한 부분은 풍화에 견디다 못해 파이고 움푹움푹 들어가서 몰골이 흉한 '큰바위 얼굴'이 되었다. 해골바위 움푹 파진 부분들에는 언제 내렸는지 아직도 빗물이 마르지 않고 고여 있기도 하였다.

    해골 바위야 너는 무슨 한이 많아

그런 흉한 몰골을 하고

하늘을 향하여 누워있느냐?

해골바위 언덕에서 내려다보니 산등성이와 계곡 등 산 경치는 물론 진관사, 기자촌..... 은평구 일대가 일망무제로 다 내려다보인다. 초보 등산객이 느린 걸음으로 한 두시간 분투 끝에 얻은 오늘 산행의 중간 소득은 이 해골바위였다.

산행수필(2)

숨은벽

　해골바위 쪽에서 철봉 잡고 오르내리는 또 한 번의 급경사 지대를 지나니 둥글둥글한 돌들로 만든 가파른 계단이 나오고 그 계단 위에 크고 넓적한 망바위가 나왔다. 망바위를 고상하게 부르면 '전망바위'인데, 그 전망바위에 오르니 해골바위에서 보던 것과는 또 다른 스케일에서 북한산 일대가 다 보였다. 아까 올라오던 돌계단은 너무 힘겨웠고 그에 비해 망 바위 위에서 바라보는 일대의 정경은 너무 시원하였다. 산 아래쪽 일대를 내려다 보며 감탄사를 연발하고 있는데 우리 산행팀 리더가 다가와서 뒤를 좀 돌아보라고 하는 것이었다.

　뒤를 돌아보는 순간 나는 북한산의 모든 것이 거기 집약

되어 있음을 보았다. 망바위 위에서 뒤를 돌아다 보니 왼쪽에 인수봉이 우뚝 서 있고 오른쪽에는 북한 산 최고봉인 백운대가 그 넉넉한 위용을 자랑하고 있었다. 그런데 지금 내 안전에 전개되어있는 자연의 대 드라마의 주인공은 이 두 산봉우리가 아니었다. 그 두 산봉우리의 사이에 숨은벽이라 하는 비경의 봉우리가 자리 잡고 있었다.

나는 숨은벽의 이미지를 단연 '여자'라고 말하고 싶다. 여자 중에서도 그냥 얌전한 동양 미인도 아니고 그렇다고 서양의 잔 다르크나 들라크루아의 명화 '민중을 이끄는 자유'에 나오는 그런 여인도 아니다. 동양적 신비를 간직하면서도 서구적 기상을 내뿜는 그런 멋진 여인이다. 숨은벽은 그렇게 인수봉과 백운대 사이로 감춘듯이 그러나 앞으로 내달리는 기세로 서있었고 은은한 구름안개가 그 정상부를 감싸고 있었다.

숨은벽은 글자 그대로 숨은 벽이었다. 망바위쪽에서 그 전신을 아낌 없이 드러내는 숨은벽이 그 정상의 높이가 인수봉보다도 조금 낮고, 백운대 보다도 조금 낮아서, 상당히 높은 북한산의 영봉임에도 우이동 쪽에서 보면 있는지 조차도 모르는 것이다. 숨은벽은 은평구쪽에서 망바위까지 찾아올라온 등산객에게만 "내가 여기 있다는 것은 미쳐 몰랐지?"라고 말하는 듯 신비스러운 자태를 내보이고 있었다.

 오늘 산행한 친구중에는 숨은벽을 내친김에 올라가자는 친구도 있었으나 숨은벽은 직접 올라가려면 특수한 장비가 있어야 하는 것이기에 다음의 기회를 보기로 하였다. 숨은벽 초입까지 웅장한 바위 등성이를 기어올라 실컷 감상하고 너덜길을 따라 하산길에 들어서서 효자비 계곡에 다다랐다. 맑은 계곡물에 발담그고 손담그고 어떤 친구는 바위틈에서 빤쓰까지 벗고 소위 "알탕"목욕까지 하고 물소리를 들으며 능선길을 따라 효자비 출발점으로 돌아와 귀가 하였다.

四 時

陶淵明

春水滿四澤 (춘수만사택)
夏雲多奇峯 (하운다기봉)

秋月揚明輝 (추월양명휘)

冬令秀孤松 (동령수고송)

산행수필(3)

70나이에 등산 시작: Anyway, My way.

　필자는 65세에 정년퇴직을 하여 시간 여유가 생기자 등산을 시작하였다. 70이 가까운 나이에 가파른 등산길을 오르내리려니 겁이 나기도 하였다. 그래서 필자는 기본적으로 "천리 길도 한 걸음부터다", "목표 점을 바라보지 말고 바로 앞 사람의 뒤꿈치만 보고 걸어라" 이런 원칙을 세우고 등산에 임하기로 하였다.
　아무리 각오를 단단히 해도 한참 올라가다 보면 다리가 후들후들 떨리고 발목이 시큰시큰하여 그 자리에 주저앉고 싶은 마음뿐이다. 가파른 비탈길이 앞에 턱 가로놓여 있기라도 하면 숨이 턱턱 막히며 의욕이 자지러 들려 한다. 그럴 때마다 스스로를 채찍질한다.

태산이 높다 하되 하늘 아래 뫼이로다.

오르고 또 오르면 못 오를 리 없건마는

사람이 제 아니 오르고 뫼만 높다 하더라.

   초등학교 때 배운 양사언의 시조다. 이 시구를 외며 터벅터벅 걷는다. 이렇게 극한의 코스를 오를 때는 절대로 정상 쪽을 보거나 절벽 같은 비탈 코스의 끝부분에 눈길을 주어서는 안 된다. 눈을 위쪽으로 들지 말고 앞으로 떼어 놓을 두 걸음 또는 세 걸음도 생각지 말고 오로지 지금 떼어 놓고 있는 한 걸음 그것만 생각하고 발걸음을 옮기는 것이다 (그러나 이때 주의해야 할 것이 있다. 한 발짝 앞만 본다고 하여 발밑만 보고 가다가는 옆으로 누운 나무등걸에 이마를 찧는 수가 있다. 대개는 앞에 가는 친구들이 "머리!", "머리 조심!"이라고 외쳐 주어 박치기를 면할 수 있지만 어쨌든 조심해야된다. 그러니 박치기를 면하기 위하여 흘끔흘끔 앞을 보기는 보아야 한다).

   그렇게 되면 숨은 차고 등줄기에 땀은 흘러내리고 사타구니 사이에서 허벅지 밑으로 하체가 화끈화끈 해지는 등 죽을 맞이지만 그렇게 걷다 보면 어느새 중턱에 이르고 중턱에서 한숨 한번 쉬고 아랫배에 힘을 주고 다시 한 발 한 발 기어오르면 마침내 정상부에 도달하게 된다.

물론 시간은 많이 걸린다. 평소의 걸음도 느린 몸이 비탈길을 기어오르려니 속도가 날 리 없다. 이때 걸음 느린 초보 등산객인 나를 짜증 한 번 내지 않고 따돌리지 않고 내 뒤에서 나와 스피드를 맞추면서 끝까지 걸었다 쉬었다 해주는 윤감사가 나는 고맙다. 이렇게 어설픈 걸음이지만 중간에 포기하거나 주저앉지 않고 끝까지 완주해 나가다가 보면 이력이 붙어 어느 정도 자신감도 생긴다.

등산은 인생살이와 같은 것이 아닐까? 등산을 하면서 지나간 70년 인생과 그중의 40년간 교직, 교수 생활의 굴곡을 회상해 본다. 직장 생활, 사회 생활 어디 하루 평탄하고 편안할 날이 있었던가. 기초부터 착실히, 잘못되었을 때는 처음부터 다시 시작하되 중간에서 포기하는 일은 없다 - 이것이 바로 인생길이요, 이것이 바로 등산이 아닐까 생각한다.

중용(中庸)은 이러한 인생의 원리를 "먼길을 가는 것은 가까운 데로부터 비롯되고, 높은 곳에 오르는 것은 낮은 데로부터 출발한다(行遠自邇, 登高自卑)"라고 가르친다. 박영(朴英: 1471~1540)은 대학(大學)의 뜻을 풀이하면서 이렇게 말했다.

"얕은 데로 말미암아 깊은 데에 이르고,
성근 데서 출발해 촘촘하게 된다.
작은 것부터 시작해서 큰 것에 도달하고,
거친 데서 나아가 정밀함에 다다른다.
한 걸음 더 나아가야 한 등급 더 올라간다."
(由淺而至深, 由疏而至密, 由小而至大, 由粗而至精,
進一步則 升一級)

※정민의 세설신어에서:『조선일보』2014. 3. 5. A36쪽

산행수필(3)

족두리봉1

   북한산 족두리봉에 올랐다. 지하철 3호선 불광역에서 2번 출구로 나와 구기터널 방향으로 인도를 따라 올라가다 보면 래미안 아파트가 나온다. 거기를 지나면서 불광사 방향 표지판이 가리키는 산 쪽으로 조금 가면 북한 산 둘레길 8구간(구름 정원길)입구가 있다. 거기서 구름 정원길을 따라가다 보면 하늘 전망대라는 곳도 나오고 조금 더 가면 족두리봉 등산로 입구가 나온다. 등산로 입구 표지판에는 족두리봉 0.8 Km 라고 쓰여있다.
   족두리봉 등산로는 소나무 숲 사이로 난 암반 길이다. 올라가다 보면 암자 터였던 것 같은 곳도 나오고 어느 곳은 나무 뿌렁지가 드러난 오솔길 위로 집채만한 바위가 구를 듯이 걸쳐 있기도 하다. 그러나 이 길은 기본적으로 수억년 전 땅속의 마그마가 용암이 되어 흘러나오다가 굳어져 버린 암반 길이다. 등산로의 많은 부분이 마당 바위인지, 너럭바위인지, 등산로인지 구분이 안 갈 정도로 널찍한 면적으로 펼쳐있다.

이 암반들은 울퉁불퉁하고, 흘러내리다가 응고된 것과 같이 비탈진 부분도 있고, 갈라지고, 어떤 부분은 암봉과 암괴 사이의 협로를 비집고 지나가게 하는 부분도 있지만 대체로 날카롭거나 모난 부분이 없다. 수억년 동안 지표에서 풍화되었기 때문이다. 너럭 바위 등반로는 맨발로도 걸을 수 있다. 사람의 발길 또한 암반길을 맨들맨들하게 만들어 놓았다.

길옆은 또 만물상이다. 용암이 흘러나오다 굳은 것이 어떤 것은 아기 코끼리 모양, 소나무 가지를 물고 있는 고래 입 모양, 돌 위에 얹혀서 돌부처가 된 모양, 떨어져 나간 놈, 구르다 만 놈, 걸쳐 있는 놈, 서 있는 놈…그런가 하면 암반, 암석, 암괴들 틈으로 푸른 소나무와 다른 잡목들도 자라고 있다. 고산 윤선도(孤山 尹善道)의 다섯 친구(五友) 중 최소한도 송(松). 석(石)은 틀림없이 여기에 있다.

이 길은 오르기가 아주 좋은 길이다. 오르기 좋은 길이지만 평균 경사각이 30~40° 정도 되고 아주 가파른 구간도 있어 숨차다 싶게 한 20~30분 올라가다 보니 족두리봉 정상같이 보이는 봉우리가 보인다. 숲속으로 난 바윗길을 걸어 올라가는 등산로라 그리 짜증스럽지는 않지만 지금 정상처럼 보이는 봉우리는 하늘 끝에 걸린 은하수마냥 공중에 떠 있다.

땀을 삐질삐질 흘리며 올라가 보니 그곳은 족두리봉 정상이 아니고 중간 봉우리인데 이 중간 봉우리에 올라가 보니 족두리봉은 저 멀리 다락같이 높은 곳에 따로 우뚝 솟아 있다. 죽었구나 싶었지만 이 중간 봉우리는 그렇게 나쁜 봉우리는 아니다. 이 구간은 하산길처럼 한참 내려갔다가 다시 올라가는 사람 약올리는 그런 코스와는 다르다. 이 봉우리는 그 정상부에서 거의 수평으로 기분 좋고 경치 좋은 능선길을 거쳐 바로 족두리봉 밑의 암반 경사길에 잇닿아 있기 때문이다. 나는 이 봉우리를 내 마음대로 그냥 '베란다 바위'라고 이름을 붙여 보았다. 베란다마냥 족두리봉 정상부 하단에 평평하게 붙어 있어서 여기까지 올라서면 족두리봉 정상에 다다르는 것은 여반장으로 되어 있기 때문이다.

그런데 이 베란다 부분이 그렇게 긴 구간이 아님에도 이 길을 거쳐 족두리봉 쪽으로 걸어가는 오른쪽으로 자연의 대장관을 연출해 보여주고 있었다. 베란다 구간으로 가다 보면 오른쪽 앞으로 보이는 부분이 족두리봉 서쪽 부분이다. 숲과 암반이 뒤섞여서 어우러져 있는 부분인데 이 부분은 여기서 보지 않으면 잘 안 보이는 일종의 비경이다. 흙으로 된 숲 바탕 위에 작은 바위 봉우리 들이 늘어서 있다. 이 족두리봉 서벽은 그 절벽의 급하기가 낙화암 만큼 급한 곳인데 그 낭떨어지의 숲 지대에 흰 바둑돌 같은 바위봉우리들이 좌상단에서 우하단 방향으로 전개되어 있다.

그 숲의 어떤 부분은 마치 생선의 비늘같이 일정한 패턴을 보이고 있어서 어떻게 보면 대붕의 날개 같기도 하고, 대어의 옆구리 같기도 한 대(大) 파노라마이다. 도대체 저 바위봉우리들이 몇 개나 될까? 혹시 1만 2천개? 그렇다면 금강산 1만 2천 봉에 버금가는 비경이 서울 시내에서 50분만 투자하면 닿을 수 있는 곳에 펼쳐져 있다는 말인가?

그 규모나 기기묘묘 하기로야 북한산 일대의 암봉들이 어찌 금강산의 그것들에 비길 수 있으랴 만은 70대 노 등산객의 눈에는 이것들 마저 대 장관으로 보일 뿐이다. 옛 시인은 금강산을 다음과 같이 읊었는데 나 70대 노 등산객의 눈에는 언제라도 올 수 있고 볼 수 있는 북한산-도봉산의 만학천봉(?)이 금강산 못지않게 실감 나고 사랑스럽다.

松松柏柏岩岩廻 (송송백백암암회)

水水山山處處奇 (수수산산처처기)

소나무와 소나무, 잣나무와 잣나무,

바위와 바위를 돌고 돌아가니

물과 물 산과 산이 어울려 가는 곳마다 기이하구나

矗矗尖尖怪怪奇 (촉촉첨첨괴괴기)

人仙神佛共堪疑 (인선신불공감의)

우뚝우뚝 뾰족뾰족 괴상하고 기이하니

사람인가 신선인가 귀신인가 부처인가

※ 위의 시는 각각 2행씩 서로 다른 시의 일부임

산행수필(5)

족두리봉2

여기서부터 족두리봉 정상까지는 완전 대머리다. 가파르기는 하다. 가파른 암릉길을 한참 기어 올라가면 족두리봉 정상부 초입이 나온다. 정상부 초입은 초등학생도 뛰어놀 만큼 평평하고 부드러운 암반이다. 족두리봉 정상부 바로 밑에는 족두리봉 370m 라는 말뚝이 세워져 있고 그 말뚝 위에는 '지형 경관 자원의 종합전시장 족두리봉'이라는 다소 상투적인 문구의 안내 간판이 걸려 있다. 그런데 사실 족두리 봉 정상에 올라가보면 다양한 지형 경관 유형이 거기에 집합되어 있음을 알게 된다.

그 안내 간판에는 다음과 같은 문구가 적혀 있다.

"북한산 국립 공원의 화강암은 쥬라기(1억8,000만년~1억

3,000만년 전) 화산 분출과 함께 마그마가 지각의 약한 틈을 뚫고 올라오다가 지하 깊은 곳(약 10~12 km 아래)에서 냉각, 고화되어 형성되었다. 지하 깊은 곳에 있던 거대한 화강암 덩어리가 지각 변동에 의하여 융기하면서 지표에 드러났으며, 오랜 세월 지속적인 침식과 풍화를 받아 지금의 모습을 하고 있다."

족두리봉 정상은 울퉁불퉁하다. 그것은 뾰죽 뾰죽한 울퉁불퉁함이 아니라 부드러운 울퉁불퉁함이다. 오랜 세월 풍화에 마모되고 사람의 발길에 마모되기도 하고…. 족두리봉 산 전체 기단부는 주전자 몸통(돔 Dome 형의 암산)이고 그 위의 중간 기단부가 주전자 뚜껑에 해당되고, 맨 위의 정상부 암층이 주전자 꼭지에 해당된다. 주전자 꼭지 부분과 중간 기단부로 내려오면서 일대가 다 지형학적 오브제로 구성되어 있다.

굴곡지면서도 펑퍼짐한 암반, 반죽같이 뒤틀어지고 뭉치다가 굳은 암체, 분리된 채 퍼즐조각처럼 조립된 바위 조각들, 밭고랑과 같이 파인 암체, 물두멍처럼 파인 암체, 구멍 송송 뚫린 채 아슬아슬하게 난간에 걸려 있는 기암…. 아니

무엇보다도 산 전체가 거대한 암봉으로 지상으로 쑥 올라와 있다는 자체가 신기하고 신비스럽다. 산 전체가 민대머리 바위산이다 보니 사방팔방으로 안 보이는 곳이 없다.

구경에 팔려 일대를 다 기웃거려 본다. 발 아래가 낭떠러지이다 보니 발길을 돌릴 때마다 오금이 저리고 발바닥이 간질간질하다. 평소에 죄지은 일 없나, 저승과 이승이 한 뼘 차이밖에 안 되는데 살아 있음에 감사해야겠다.

주님이 만드신 것들이 어찌 이리도 아름답고 사랑스러운지요? 나무도 풀도 꽃 한 송이도 그 아름다움을 노래합니다. 주님이 만드신 것들이 어찌 이리도 아름답고 사랑스러운지요? 산도 들도 바다도 그리고 사람도 그 아름다움을 찬양합니다.
(※ 공부영 아나운서의 멘트 중에서, 극동방송: "주님과 이 아침을", 2014. 8. 3. 06:10~)

정상 구경을 마치고 다음 행선지인 비봉을 향하여 출발한다. 족두리봉이 평범한 흙산이라면 비봉 방향으로 가려면 산을 넘는 방향으로 가야 할 것이다.

  그러나 비봉 방향의 족두리봉 하산 길은 바위 절벽이기 때문에 길이 막혀 있다. 따라서 올라온 방향으로 되돌아 내려가서 족두리봉 북쪽으로 난 우회로를 따라 산을 완전히 돈 다음 다시 능선 길로 올라 가야 한다.

산행수필(6)

차마고도(?)

> 강나루 건너서 밀 밭 길을
> 구름에 달 가듯이 가는 나그네
> 길은 외줄기 남도 삼백 리
> 술 익는 마을마다 타는 저녁놀
> 구름에 달 가듯이 가는 나그네

박목월 님의 "나그네"라는 시다. 고등학교 국어 교과서에도 나왔던 시라 모르는 사람이 없는 대한민국 국민시다. 나는 65세가 넘어서 등산을 시작한 이래 주로 서울 근교 산을 다녀 보았지만 어느 등산로치고 '구름에 달 가듯이' 다닐 수 있는 길은 보지 못했다. 낮은 산이나 높은 산이나 산이라는 산은 다 오르고 내리기가 쉽지 않다.

그러나 오늘 나는 '구름에 달 가듯이' 걸을 수 있는 등산로를 발견한 것 같다. 오늘 내가 족두리봉 구경을 마치고 비봉 쪽으로 가기 위하여 향로봉을 향하여 가는 능선 길과 그 연장선 상에 있는 길이다. 처음 능선길은 그 길이가 0.6km이고 공룡의 등갈기 위를 걷는 것 같이 중간에 고도 358m나 되는 봉우리를 한 번 찍고 길게 한 참 내려간다. 험로 같으면 이 정도 코스를 걸으면 등줄기에 땀깨나 흐른다. 시간도 한 30분 이상(느린 걸음) 걸린 것 같은데 몸은 하나도 피곤하지가 않다.

그 이유는 평균 고도 300m의 푸른 숲길을 마치 천상의 구름 위를 걷는 것 같이 걸었기 때문이다. 등산로 주변에는 비교적 키가 작은 소나무들과 이름 모를 활엽수들이 섞여서 자연 정원의 오솔길을 걷는 느낌이다. 키는 작지만 오래 살아서 낙락장송의 풍모를 갖춘 소나무들도 많다.

능선길은 일단 '향로 오거리' 교차로에서 끝난다. 교차로에서 직진하면 향로봉으로 오르는 가파른 오름길이고 좌측으로 내려가면 북한산에서 가장 바위 빛깔이 곱다는 향림담

이고 우동쪽으로 가면 탕춘대성 방향으로 가는 길이며 우서쪽으로 가면 구기터널 입구에 도착하는 등산로이다. 여기까지 왔는데 마음 같아서야 누가 향로봉 쪽으로 직행하고 싶지 않겠는가? 그러나 여기서 향로봉쪽 등산로는 폐쇄되어 있다. 향로봉은 추락 위험 지역으로 접근금지다.

오늘 내가 가는 방향은 탕춘대성 방향이다. 이 코스는 향로봉 정상을 공략하고 싶은 등산객의 욕구를 달래기나 하려는 듯 입산 금지선에 가장 가까운 등고선을 따라 비탈에 트여 있는 등산로이다. 약 0.4km의 이 구간도 못지않게 걷기가 편한 오솔길이다. 이 길을 지나는 복수의 등산객들은 일렬종대로 가야지 2열 종대나 3열 종대로 갈 수가 없다. 길이 좁다. 이 길이 히말라야 산록에 난 차마고도(茶馬古道)를 연상시킨다 하여 언제부터인가 등산객들이 그렇게 부르기 시작하였다고 한다. 참 이름도 잘 붙인다. 그리고 보니 그럴 듯 하기도 하다.

사실은 향로 오거리에서 탕춘대 성까지의 구간만을 차마고도라고 할 것이 아니라 족두리봉에서 탕춘대성까지 내가 오늘 지나온 전구간을 차마고도라고 불러도 좋을 것이라는 생각을 한다. 사람들은 이름을 그럴듯하게 붙이면 명소라고 생각하는 경향이 있다. 뚜렷한 특징은 없지만 무언가 설명할 수 없는 매력을 지니고 있는 이름 없는 이 길(트래킹 코스)에 족보를 만들어 주고 싶은 마음이다.

산행수필(7)

비봉1

족두리봉→ 차마고도 길을 거쳐 비봉(碑峰)을 오른다. 차마고도 길에서 비봉길로 접어드는 지점은 향로봉 남사면 비탈의 탕춘대 성곽이 끝나는 부분이다. 여기서부터의 비봉길은 대단한 난코스이다. 여기서부터 비봉까지 총 거리가 1.3km인데 이 구간의 등산코스를 크게 3단계로 나누어 생각할 수 있다. 제1단계는 탕춘대 능선(성곽) 끝에서 포금정사터까지, 제2단계는 포금정사터에서 비봉 능선 깔딱고개까지, 제3단계는 깔딱고개에서 비봉까지이다.

 1단계 탕춘대 성곽 끝에서 포금정사터까지 0.5km 가 되는 이 구간은 은근히 까다롭다. 향로봉 밑에서 오른쪽 비봉 등산로 가는 길은 처음에는 조금 오르다가 바로 한 참 아래로 내려간다. 그러다가 가파른 오름이 시작되어 바위등성이를 기어 올라야 된다.

 이 첫번째 등성이 마루에 입석 바위가 있고 입석 바위 옆에 바위 사이에 나무가 낀 바위가 있다(그 나무는 참나무 종류인 것 같은데 지름이 20cm나 되는 거목으로 자랐는데 최근에 그 나무가 죽어서 국립공원 관리공단에서 그 나무를 잘라내어 지금은 밑둥만 바위틈에 낀 채로 그대로 서 있다) 거기서부터 계속 가파른 오름이 시작되어 두 번째 등성이에 이른다.

 두 번째 등성이 길은 정내미가 떨어지게 가파른 바위 벼랑길이다. 골짜기 비탈을 감아 돌아가면서 작은 산 하나를 넘는 힘로이다. 이 등성이길 고개 마루에는 산기슭 쪽으로 그 밑을 지나가는 사람들 눈에는 잘 안 보이는 남근봉이 우뚝 솟아 있다. 그 남근봉은 여름철에는 푸른 숲으로 가려 있어서 유심히 살펴보지 않으면 눈에 잘 띄지 않는다. 그 남근봉 쪽과 반대쪽 길가로는 재미 있게 생긴 낙타 바위가 있는 등 등산로 주변은 작은 만물상이다.

 세 번째 등성이 길도 역시 바위 벼랑길인데 가파르기가

한없이 가파르고 산사태로 반쯤 무너진 너덜바위 길을 하염없이 올라가야된다. 세번째 등성이의 고개마루에도 산기슭 쪽으로 거대한 암봉이 버티고 서있는데 이것은 남근암봉과 비슷한 모양이기는 하나 그렇게 빼어나게 멋있지는 않고 약간 펑퍼짐한 암봉이다. 그 너덜 고개를 넘어 계속 진행하면 네번째 등성이길에 이르게 된다.

  네번째 등성이는 별로 높지 않은 흙길 등성이인데 거기를 올라가서 계속 걸어나가면 포금정사터에 이르게 된다. 포금정사터에는 옆으로 조그만 계곡도 있고 벤치도 만들어져 있어서 거기서 쉬기도 하고 식사도 할 수 있다.

  제2단계는 포금정사터에서 비봉 능선 깔딱고개까지 가는 등정이다. 포금정사 터에서 오른쪽이 비봉인데 포금정사터에서 비봉 능선까지 가는 등로는 엄청나게 가파른(주관적 경사도 60°) 바위 벼랑길이다. 그 길을 낑낑거리면서 오르다가 어느 지점에 가면 오른쪽으로 물개 바위가 보인다. 이 길의 특징은 엄청나게 가파르다는 것과 함께 작고 큰 바위들이 산비탈에 제멋대로 걸려있는 너덜길 구간이라는 것이다. 집채만 한 또는 집채 몇 개를 보탠 것 만한 바위들도 언

젠가 있었던 산사태로 구르다가 걸려있는 것이다. 그 길을 한참 오르다가 물개 바위 쪽을 내려다 보면 물개 바위가 곰 바위 모양으로 보인다. 새끼 곰이 어미 곰의 등 뒤에 업혀 있는 모습이다. 그렇게 한 20~30분 오르다가 보면 향로봉과 비봉간의 중간지점 쯤에 산마루 쪽이 약간 꺼져 있는 듯한 안부(鞍部)가 어렴풋이 보이기 시작한다. 이렇게 폭우 산사태 등으로 작고 큰 바위들이 굴러 내려오다 걸린 채 난장을 이루고 있는 길을 오르면 마침내 비봉 능선 안부(깔딱고개 마루)에 이른다.

제4단계가 깔딱고개에서 비봉까지인데 거기서 오른쪽 방향으로 비봉 능선을 따라 0.3km를 가면 비봉이 있는데 이 깔딱고개에서 비봉 능선 평탄부까지 오르는 구간도 만만치 않은 등정이다. 가파른 암릉을 계속 밟아 올라가야 되는 것이다. 그렇게 해서 평탄부에 이른 다음 콧노래를 부르며 능선길을 조금 가면 거기에 비봉이 있다.

비봉은 진흥왕 순수비가 세워져 있는 해발 560m의 암봉을 말하는데 비봉에 오르다 보면 신라 진흥왕 그 귀하신 몸이 과연 여기까지 손수 올라와서 비석을 세웠을까 하는 의

문이 들기도 한다. 우선 비봉 능선까지 올라오는 산길 자체가 어가(御駕)나 말을 타고는 올라 올 수 없는 험준한 지역이다. 또 비봉이라는 암봉이 시루떡을 아무렇게나 켜켜이 포개 놓은 형국이라 암봉의 기단부 너럭바위로부터 비석을 세워야 할 제일 높은 봉우리까지 이르는 길은 4인교나 말을 타고는 오를 수 없다. 어쨌거나 자기 발목의 힘으로 올라야 된다.

  발목의 힘이 아무리 강해도 다소의 암벽타기의 실력이 없으면 아예 오를 수 없는 부분이 한 군데 있고, 어지럼증이 있는 사람은 미끄러져 굴러 떨어지기 딱 좋은 바윗날 구간도 있다. 비봉 정상은 매우 비범한 봉우리이다. 아무나 자기에게 접근하도록 쉽게 허락하지 않는다. 여러 단계의 빗장을 만들어 놓고 그 빗장을 스스로의 힘으로 풀고 거기까지 기어오르는 사람에게만 자기를 내어 준다. 나는 신라 진흥왕이 손수 거기에 와서 직접 순수비를 세웠다고 믿는다. 나라를 경영하는 사람이 한 두 시간이면 주파되는 그까짓 산길 그리고 미끄럽지만 약간의 노력으로 등반할 수 있는 그까짓 암벽이 무서워 거기를 못 왔을 리가 없다. 왕이지만 필요하다면 짚세기 신고, 행전 치고, 허리띠 머리띠 졸라매고 거기를 걸어서 올랐으리라.

어쨌든 거기에 오르기가 꽤 까다로운 비봉 정상을 초보 등산객인 나는 여러 난관을 잘 통과하여 일단 올라갔다. 올라보니 과연 거기에 순수비(巡狩碑)가 있었다. 그 모양은 중학교 국사 교과서에 나와 있던 그대로였다. (이 비석은 사실은 진품의 복제품이라고 한다. 진품은 영구 보관을 위해서 국립박물관에 모셔져 있고 현지에는 원품을 그대로 복제한 모조품을 전시용으로 세워 놓은 것이라 한다.)

순수비를 만져보고 옆에서 인증 사진도 찍었다. 순수비에 손을 얹고 나는 생각하였다. 1500년전 신라 진흥왕이 세운 이 비석을 내가 지금 만지고 있다니…역사가 멀지 않다는 것을 느낀다.

산행수필(8)

비봉2

"진흥왕대는 신라가 종전의 미약했던 국가 체제를 벗어나 일대 팽창, 삼국통일의 기틀을 마련한 때이다. 6세기 진흥왕은 재위 37년 동안 정복적 팽창을 단행하여 낙동강 서쪽의 가야 세력을 완전 병합하였고, 한강 하류 유역으로 진출하여 서해안 지역에 교두보를 확보하였으며, 동북으로는 함경남도 이원 지방에까지 이르렀다. 진흥왕은 이렇게 확대된 영역을 직접 순수하면서 이를 기념하려고 이른바 순수비를 세웠다. 지금까지 발견된 것은 창녕 신라 진흥왕 척경비 (국보 33), 북한산 신라 진흥왕 순수비(국보 3), 마운령 진흥왕 순수비 (북한 국보 111), 황초령 진흥왕 순수비 (북한 국보 110) 등 모두 4개이다." [네이버 지식백과] 진

흥왕 순수비 [眞興王 巡狩碑] (두산백과)

http://terms.naver.com/entry.nhn?docId=1145053&cid=40942&categoryId=33375, 2014-08-17 검색하였음.

  비봉은 그 지리적 위치로 볼 때 범상한 봉우리가 아니다. 남으로는 서울 도성의 정북 방향을 정면으로 내다보고 있으며 북동 방향으로는 의상(義湘) 능선 뒤로 북한산성 분지를 업고 있다. 그리고 북한산성 북쪽으로 백운대 인수봉 만경대의 북한산 주봉군이 3각 구도를 이루고 있다.

  비봉은 서울 도성에 대하여 북한산을 안내(案內)하며, 북한산에 대하여 서울 도성을 초대(招待)하는 형국의 영봉이다. 비봉은 족두리봉-향로봉-비봉-승가봉-문수봉에 걸친 '비봉 능선'의 중심부에 자리잡고 있으며, 이 비봉 능선은 서울을 좌우의 넉넉한 팔로 안고 있다.

  비봉 정상에 올라 동서남북을 돌아보면 이런 모습이 환히 내다 보이는데 특히 정남향의 방향으로 보이는 서울 도성의 뒷모습은 가히 장관이다. 앵글의 왼쪽에는 북악산 그다음 오른쪽으로는 인왕산, 그보다 더 오른쪽으로는 안산이 보이며 북악과 인왕의 실루엣 너머로는 남산 타워가 훤히 내다 보인다.

비봉 산행을 하면서 서울의 뒷산인 북한산이 이렇게 영봉을 자랑하는 것은 나라의 국운과도 관계가 있는 것이 아닌가 생각하였다. 북한산에 오를 때는 숭엄한 생각이 들 때가 많다.

북한산의 옛 이름은 삼각산(三角山)이라고도 하는데 조선시대에는 주로 삼각산이라고 불렀고 '북한산'은 일제 이후에 주로 많이 쓰이게 된 이름이라고 한다.

조선시대 선비 김시습(金時習)이 5세 때 세종 임금님 앞에서 지었다는 삼각산 시가 생각났다.

三角山峰貫太淸 (삼각산봉관태청)
登臨可摘斗牛星 (등임가적두우성)
非徒嶽岫興雲雨 (비도악수흥운우)
能使邦家萬歲寧 (능사방가만세령)

삼각산 높은 봉우리 하늘을 꿰뚫어

올라가면 북두성도 견우성도 딸 수 있겠지

저 봉우리들은 어찌 구름과 비만 일으키랴

능히 이 나라를 영원히 평안하게 하리라.

산행수필(9)

천마산1

○○년 4월 11일, 중학교 동창 6명이 아침 9시에 상봉역에서 만나 천마산(天摩山)을 올랐다. 상봉역에서 경춘선 전철을 타고 평내호평역에서 내려 165번 시내버스를 타고 수진사(修進寺) 입구 정류소에서 하차하여 콘크리트 포장된 도로를 따라 한참 올랐다. 서울시 교육위원회 학생 수련원을 지나 천마의 집 기점에서 정상을 공략할 줄 알았는데 민 대장은 직접 정상을 향하지 않고 정상 쪽과는 거의 반대 방향(8시 방향)의 팔현리 쪽으로 흐르고 있는 큰 골이라는 계곡을 따라 내려간다.

이게 도대체 무슨 시추에이션이란 말인가? 정상까지 1~2km 밖에 안 남은 깔딱고개까지 와서 왜 정상쪽을 향하지 않고 정상과는 거의 반대 방향의 산 밑창을 향하여 흐르는 계곡으로 내려가는 것일까? 민대장의 주장에 따르면 천마산은 야생 식물의 보고로 이 큰골 계곡을 따라가다 보면 각종의 야생화를 볼 수 있고 촬영할 수 있기 때문에 그 야생화의 자생지로 유명한 큰 골 계곡을 거쳐 천마계곡을 타고 올라가야 된다는 것이다.

큰골 계곡을 내려가는데 갑자기 날씨가 나빠져서 비가 오기 시작하는데 우량이 장난이 아니게 많기 때문에 우비도 꺼내서 입고 가지고 간 우산도 펼쳐서 비와 싸우면서 계곡을 철벅 철벅 내려갔다. 야생화는 커녕 눈이 쌓여 녹지 않은 부분이 많고 계곡 밑 바위에는 고드름이 주렁주렁 맺혀 있다.

이런 날씨에 여기 어디에 야생화가 있다는 말인가? 야생화에 대하여 전혀 까막눈인 나의 눈에는 야생화가 눈에 뜨이기는커녕 무슨 꽃 무슨 풀 등 야생화가 보이기는 하는데 날씨가 좋지 않아서 촬영하기가 좋지 않다고 궁시렁 대는 민대장의 행동이 이해가 안 갈 따름이다. 백절 불굴의 투지로 악천후를 이겨가며 야생화를 찾지만 전체적으로 오늘의 소득은 그렇게 좋지 않을 것 같다.

그런 가운데도 비가 오기 전이나 비 오다가 갠 틈새를 이용해서 민대장은 몇 가지 야생화를 발견하고 사진도 찍고 손가락으로 가리키기도 하며 나한테 야생화를 열심히 설명하려 하고 있다. 건성이지만 귓가에 들리는 야생화 이름들에 복수초, 노루귀, 얼레지, 현호색, 제비꽃, …등등이 있다 한다. 하기야 천마산 등산로 입구에는 군립공원 안내판에 천마산에는 약 8000종의 식물이 자생하고 있으며 그 중 천마산에서만 볼 수 있는 희귀종 50여 가지가 있다고 씌어 있었다.

야생화 전문가인 조선일보 논설위원 김민철에 의하면 야생화의 보고 천마산에 자생하는 봄 야생화에는 다음과 같은 것들이 있다한다(『조선일보』 2016. 3. 31.). 현호색, 점현호색, 생강나무꽃, 앉은 부채, 복수초, 노란복수초, 청노루귀, 분홍노루귀, 얼레지, 처녀치마, 괭이눈, 미치광이풀, 너도바람꽃, 꿩의 바람꽃, 만주바람꽃, 노랑제비꽃, 둥근털 제비꽃, 고깔제비꽃, 남산제비꽃, 태백제비꽃….

깔딱고개에서 큰 골 계곡을 따라 계속 내려가다 보면 천마산 계곡이라는 큰 계곡과 우리가 내려간 계곡이 T자로 만나는 지점이 나온다. 우리의 등산 코스는 큰 골 계곡과 천마산 계곡이 합류되는 지점에서 천마산 정상쪽을 향하여 천마산 계곡을 거슬러 올라가는 것이다. 우리가 내려온 큰 골 계곡은 우리가 깔딱고개까지 걸어 올라간 부분을 다시 도로 내려간 만큼 산 밑 쪽의 깊은 부분에 있었기 때문에 지금 오전까지 한 것은 모두 무효가 되고 바로 이 지점에서부터 천마산 정상 공략은 다시 시작되는 것이다. .

비는 개었지만 위치도 그렇고 안개도 끼어 있어 정상 부분은 보이지도 않는데 12시가 넘은 시간에 정상 공략을 다시 시작해야 한다니 다리에 힘이 쭉 빠진다. 제발 여기서 그냥 하산하여 버렸으면 하는 마음 상태에서 터덜터덜 발걸음을 옮기기 시작하였다.

시간은 12시가 넘었으니 시장하기는 한데 온통 산이 비에 젖어 있어서 어디에 도시락 통을 꺼내 놓고 밥 먹을 곳도 마땅치 않다. 그런데 마침 어떤 농사꾼이 화전을 일구느라고 만들어 놓은 빈 움막이 있어 들여다보니 사람은 없는 대신 원두막에 비닐 장판도 깔려 있어 도시락을 펼쳐 놓고 밥 먹기에 적합하였다.

본의든 본의가 아니든 지나가는 과객에게 앉아서 쉴 수 있도록 좌상시(座床施)를 베푼 움막(불법건물이지만)의 주인에게 감사하는 마음으로 식사를 마치고 812m 정상을 향하여 천마 계곡을 기어 올랐다.

한참 올라가다가 거의 정상부에 가까웠다고 생각되는 부분에 약물 바위샘이라는 표지판이 붙은 약수터가 나왔다(이 약수터는 일명 돌핀샘이라고 불리기도 한다). 이 약수터에서 물 한 모금씩 마시고 정상부에 오를 수 있는 깔딱 고개에 다다랐다. 여기서 정상부 반대쪽 철마산 방향의 능선들을 감상하는 묘미도 대단하였다. 그 봉우리들은 기암 괴석의 바위봉우리가 각종 나무, 꽃, 숲과 어울려 한 폭의 산수화를 연출하고 있었다.

산행수필(10)

천마산2

  그쪽에 한참 눈길을 주다가 오늘 우리 코스의 반환점 천마산 정상을 향하여 바위 덩굴(암릉)을 기어 올랐다. 천마산은 예부터 산세가 험하고 조잡하여 '소박 맞은 산'이라고 불렸다고 한다. 천마산 정상부의 암릉은 그 이름값을 하느라고 인간의 접근을 쉽게 허용하지 않는다. 바위틈을 비집고 늘어진 밧줄에 매달려 미끄러지면서 오르니 드디어 정상이다.

  정상에는 태극기가 결려 있고 태극기 밑에 천마산 812m라는 표지석이 세워져 있다. 고려말 이성계(李成桂)가 이곳에 이르러 "손이 석 자만 길어도 하늘을 만질 수 있겠구나"라고 했다고 할 만큼 정상은 하늘 높이 치솟아 있다.

여기서는 동서남북이 다 보인다. 내가 아는 지명으로는 마석 쪽이 보이는 것 같고, 또 우리가 올라온 평내호평역 부분의 분지형 도시 지역이 다 내려다보인다. 백대장이 손으로 가리키는 곳에 골프장도 여러 개 보였다. 거기서 인증샷 사진도 찍고 천마의 집 기점 방향의 등산길로 하산하였다.

그쪽으로 내려오다 보면 임꺽정 바위라는 바위 군이 나오는데 여기서 그 유명한 임꺽정이가 산채라도 틀었단 말인가? 하기야 벽초(碧初) 홍명희(洪命熹)의 소설 『임꺽정』에 경기도 양주 땅 어쩌구저쩌구 하는 대목이 있었던 듯한 기억이 나는 걸 보면 바로 여기가 거기인가 보다. 지금은 교통이 발달하여 이곳이 서울의 근교가 되고 말았지만 그 옛날 교통이 발달이 안되었을 때는 한양에 대한 접근성이 있으면서도 험준한 산골 지역이라 산채를 틀기에 안성맞춤이었을지도 모르겠다는 생각이 들었다.

임꺽정 바위를 지나 직선으로 하산 코스인데 오전에 비온 뒤라 약간 미끄럽고 발 밑이 지척거린다. 하산길에 스텝이 엉켜 바위 비탈에 엉덩이를 스치는 바람에 엉덩이에 황토 진흙이 벌겋게 묻게 되었다. 스친 것은 살짝 스쳤는데 남보기에 엉덩방아라도 찧은 것 같아 보여 창피한 생각이 들었다.

하루 종일 산속을 헤매다가 보니 무려 6시간가량을 걸었기 때문에 발목이 몹시 아팠지만 아프다는 것과 넘어져서 다쳤다는 것과는 차이가 있으니 절대로 넘어져서는 안된다. 천천히 걷는다는 것은 모르지만 넘어진다는 것은 70대 악바리 등산객의 기개에 어긋나는 것이니 부상을 당하지 않고 침착하게, 시작했으면 중단하지 말고, 아프지만 아프단 말 말고, 의연히 등산을 마치고 귀가해야 한다.

그래야 저녁에 잠이 잘 오고 건강도 좋아진다. 오늘도 또 하루 즐거운 산행이었다. 천마산-처녀치마-약물 바위샘-마천루 꼭대기와 같은 정상- 임꺽정 바위…. 또 가고 싶은 산행이다.

산행수필(11)

대둔산1

　대전에서 멀지 않은 대둔산에 올랐다. 필자는 특별히 계룡산과 대둔산에 대하여 친근감을 느낀다. 나의 탄생과 학창의 고향과 깊은 지연을 가진 명산들이기 때문이다. 그 중에도 대둔산은 내 싸이즈에 맞는 아담한 명산으로서 젊을 때부터 비교적 자주 찾아다니던 산이다.

　처음 대둔산은 그냥 등산의 명소였다. 그런데 어느 날부터인가 케이블카등 다양한 편의시설들이 들어서면서 대둔산은 등산의 명소라기보다 관광의 명소로 탈바꿈 되어 버렸다.

　어쨌거나 대둔산은 아름다운 산이기 때문에 이런저런 기회에 그 후도 여러번 찾기는 하였다. 그러나 어째 케이블카를 타고 대둔산에 올랐을 때는 등산을 한 것인지 안 한 것인지 산에 왔다 갔다는 실감도 나지 않는 등 찜찜한 감정만 남는다.

그러다가 어느 날 대둔산이 전과 다름 없이 내 수준에 맞는 산행명소로 다시 다가올 수 있음을 깨닫게 되었다. 그것은 대둔산을 케이블카 매표소등이 있는 정면으로가 아니라 예를 들면 '배티재 휴게소'나 '용문골 매표소'등 측면 지점에서 올랐다가 하산할 때는 케이블카를 타고 내려오는 것이다. 그렇게 하면 산행 다운 산행이 가능하고 또 겸해서 관광도 될 수 있는 것이다.

2013년 4월 25일 필자의 중학 동창생들이 재경·재전 합동으로 대둔산 관광 야유회를 갖게 되었다. 이날 결국 나중에 보니 생각대로 될 수 없는 계획이었지만 전체 참석 동문 중 희망자는 중간에 버스에서 내려 도보산행을 하고 나머지는 버스를 타고 대둔산 관광센터로 가서 케이블카 관광을 하고 오후에 합류하기로 한 것이다.

일행은 대둔산 지역에 도착하여 10명은 배티재 휴게소가 있는 등산로 입구에서 버스에서 내려 도보산행을 시작하였고 전체 38명중 나머지 28명은 대둔산 관광센터 쪽으로 진행하였다. 필자는 목요산행팀의 일원이었기 때문에 도보 등산에 참가하였다.

배티재 휴게소(주유소)는 대둔산 지역으로 들어가는 17번 국도변에 있다. 배티재 등산로 입구에는 표지판이 서 있는데 이 지점 자체가 해발 377m이다. 찻길이기는 하지만 배티재는 상당히 가파른 고갯길이었던 것이다.

배티재에서 버스를 내려 대둔산 정상 쪽을 바라보니 대둔산 영봉이 잔뜩 흐린 날씨에 안개 속에 가려 희미하게 보인다. 70대 등산객에게는 그 정상부가 마치 하늘 꼭대기 은하수에 걸쳐 있는 듯 까마득히 보인다. 아, 저기를 어떻게 오르나!

출발을 하려고 등산로 입구 벤치에서 스틱을 빼려는데 갑자기 우박이 쏟아지기 시작한다. 오늘의 일기예보는 비 올 확률 70%, 그래서 우산과 우비를 준비하는 등 대비는 단단히 하였지만 비에다가 우박까지 섞여 쏟아지니 등산 의욕은커녕 겁부터 난다.

그러나 어쩌랴 도전해 보는 거지!

우비를 꺼내 입고 배낭을 보호하기 위하여 우산까지 받쳐

드니 스틱을 잡을 손이 없어서 맨 도보로 등산로를 오르기 시작하였다. 배티재 등산로 입구는 시작부터 철계단이다. 줄잡아 200개는 되는 철계단이 경사도 60°나 되게 놓였다. 우박 속에 첫 단계 철계단을 주파하고 나니 돌계단 흙길 같은 등산로가 이어지고 그다음에는 바위등걸 나무뿌리 등을 잡고 기어오르는 가파른 등로가 이어진다.

  산비탈 등로의 꼭대기는 두 번째 철계단의 시작점이다. 두 번째 철계단을 주파하고 난 지점에는 다시 흙·나무뿌리·바위 돌짝이 뒤엉킨 가파른 등로가 이어진다. 우리는 지금 가파른 계단과 산비탈을 기어오르면서 우리 위치의 해발 고도를 급속히 높여 가고 있는 것이다. 오르지 않으면 올라갈 수 없다. 엘리베이터를 탄듯이 저 높은 곳을 향하여 우리는 지금 우리의 몸을 들어 올리고 있는 것이다.

  내리던 우박은 이제 완전히 비로 변하고 장대같은 비에 바람까지 불고 비에 젖은 옷 속에서 몸은 땀으로 푹푹 찐다. 기어오르고 기어오르고 또 오른 곳의 봉우리 이름이 일대봉이다.

  일대봉 전망대의 해발 높이는 640m, 배티재 들머리가 해발 377m였으니 수직거리로 263m를 올라온 것이다. 대둔산 정상은 878m, 목표점까지 해발 고도 238m 정도 남은 셈이다. 지금까지 올라온 만큼 남은 거리를 더 올라야 된다.

산행수필(12)

대둔산2

　일대봉 지점에서 대둔산 최고봉인 마천대까지의 산행길은 지금 올라온 배티재로부터 일대봉까지처럼 그렇게 수직으로 가파르지는 않고 비스듬한 경사길이다. 날이 좋았으면 대둔산 특유의 암벽과 숲이 어울어진 산경과 함께 남쪽으로 완주, 동쪽으로 금산, 북쪽으로 대전, 서쪽으로 논산의 산야를 한 눈에 넣고 감상하는 최고의 산행길이었을 것이다.
　그러나 이날 비는 오고 안개구름은 산골짜기를 덮어 앞이 안 보이는 지경이니 산경치를 구경하기는커녕 발부리에 걸리는 돌짝과 지렁이 등짝처럼 구불구불 튀어 나와 있는 나무뿌리에 온통 신경을 쓰기에만 바쁘다. 악천후속의 난코스라 도무지 진도가 안 나가니 앞으로 올라야 할 정상쪽은 아예 쳐다보기조차 싫다. 쳐다보면 무엇하나 속만 상하지.

이럴 때는 자기 발 앞1~2m의 땅바닥만 바라보고 무작정 발걸음을 떼어 놓는게 상책이다. 목표점을 생각하면 지친다. 목표 달성은 결과이다. 중요한 것은 모표점을 향하여 떼어 놓는 한 걸음 한 걸음의 발걸음이다. 땅 밑만 보고 앞 사람의 뒷굼치만 보면서 걷고 또 걷다 보면 마침내 정상도 가까와질 것이다.

그렇다고는 하지만 오늘은 기상과 여러 가지의 조건이 대단히 악조건이다. 비는 오고 앞은 안보이고 차라리 포기하고 왔던 길을 되돌아 갈까를 생각하게 한다. 행로난 행로난 (行路難 行路難) 가는 길 험하구나! 당나라 시인 이태백(李太白)의 고시(古詩), "행로난"중의 몇 구절이 생각난다.

    황하를 건너려니 얼음이 강을 막고
    태행산을 오르려니 온 산이 눈으로 덮였네
    가는 길 어려워라 가는 길 어려워라
    이리저리 갈라진 길 어디 주저앉아 쉴 곳도 없네
    인생의 행로는 넓어 푸른 하늘 같건만

나만 홀로 이참에서 나아갈 수 없구나!

欲渡黃河氷塞川 將登太行雪滿山
行路難行路難 多岐路今安在
大道如青天 我獨不得出

 이리저리 헤매는 도중에 시간이 이미 많이 지나갔으니 우리는 이 빗속에서 엉거주춤 도시락 식사를 하지 않으면 안 되게 되었다. 낙조대 0.5km, 장군약수터 0.7km, 배티재 2.1km가 적혀 있는 이정표가 서 있는 삼거리에서 배낭 속의 도시락을 꺼냈다. 장대비속에서 식사를 하기 위하여 어디 걸터 앉을 곳도 없다. 삼거리에 나무 벤치가 있어 일행은 그 벤치위에 도시락을 올려 놓고 서서 식사를 하였다.
 군대 훈련 받을 때 야외 교장(敎場)에서 식사할 때 비가 오면 식판에 물이 고여도 고인 빗물에 밥 말아 먹으며 식사 하던 생각이 났다. 70대 노객들이 지금 대둔산에 와서 혹독한 예비군 동원훈련에 내몰려 있는 셈이다. 우중에 식사를 마치고 또 정상부를 향하여 산행을 계속하였다.

대둔산은 바위산이다. 바위 등걸이 연속되는 능선부를 몇 개 지나 드디어 정상 부근에 이르렀을 때는 비도 그치고 이제는 날이 개기 시작하여 기분이 한껏 고조되었다. 대둔산 정상은 해발 879m의 마천대(摩天臺)이다. 하늘을 손으로 잡을만한 높이에 있다고 하여 마천대이다. 경기도 남양주시에 있는 천마산(天摩山)의 이름이 그런 뜻이듯이. 마천대 바로 밑 용문골 3거리에서 바라본 산정은 하늘에 닿을 듯이 높아 보인다.

오늘 우리는 3시간여 우박과 장대비 속의 악전고투 끝에 우리의 목표점에 도착하였다. 인증샷, 기념 사진 찍을만하다. 그러나 마천대도 그렇고 천마산도 그렇고 산은 역시 산이던가 "태산이 높다 하되 하늘 아래 뫼이로다"라고 읊었던 양사언의 시조에서와 같이....

마천대에 오르니 하늘이 손에 잡을듯이 가까와지기는 커녕 비개인 창공은 더욱 높고 높기만 하다. 18세기 유학자 신후담(愼後聃; 1702~1761)의 "산정(山頂)"이라는 짧은 한시가 생각났다.

평지에서 찾아오며 산꼭대기 바라볼 때는

꼭대기가 하늘과 맞 닿은 줄 알았었네

이제 발걸음이 꼭대기에 이르렀네

머리 들고 쳐다 봤더니 하늘은 더 까마득히 멀어졌네

來時平地望山巓(내시평지망산전)

直謂山巓際碧天(직위산전제벽천)

如今却到山巓上(여금각도산전상)

擧首觀天更杳然(거수관천갱묘연)

산행수필(13)

대둔산3

　정상부에서 케이블카 출발점(상단)까지 하산길의 등산로도 장난이 아니다.

　경사도 70°가 되는 가파른 바윗길인데 길이라기보다는 바윗길이 산사태로 제멋대로 뭉그러져서 어디 하나 반듯한 면이 없는 돌무더기이다. 그 길을 양 옆으로 설치해 놓은 철봉 다리에 의지하여 기다시피 내려온다. 험악한 너덜길이다. 그러한 너덜길을 두어개 더 내려오고 나니 케이블카선을 매달아 놓은 지점이 나온다.

　거기서부터는 또 수십 계단의 철계단이 몇개 이어진 후에 케이블카 상단 정거장(매표소)에 도착하였다. 거기 화장실에서 소변도 보고 손을 씻으니 이렇게 편안할 수가 없다. 수

수세식 화장실 문명이 이렇게 편안하고 좋은 것을 왜 우리는 무려 3시간 반 동안을 로빈손크루소같이 우박 안개 비바람 속에서 헤매었던 것일까?

그 답은 같이 간 친구들과 내 마음속에만 있다. 사실 정확히 말하면 나와 내 친구들의 마음속에 그에 대한 답이 숨어있는지 없는지도 잘 모를 일이다. 흙길을 걸었기에 바지가랭이와 등산화가 온통 흙투성이라 화장실 물에다 수건을 적셔 대강 씻어내고 케이블카를 타고 내려온다.

케이블카를 타고 내려올 때는 이미 날도 개고 대둔산 전면 일대가 다 내려다 보이니, 때는 춘사월(春四月)이라 연초록의 신록 수림 속에 진달래, 개나리, 벚꽃들이 한창 뽀얀 봉우리들을 피우고 있으니, 마치 봄처녀의 비단 치마자락 위로 미끌어져 내려가는 느낌이다.

죽음의 고행 끝에 봄처녀 치마자락 위를 학인지 백조인지 그런 새종류의 피조물이 되어 날아 내려오고 있으니 인생은 한편의 산행이던가, 명암과 굴곡이 엇갈리는 가운데, 어찌 되었거나 이 순간 또한 즐거운 일이 아닌가(不亦樂好)?

케이블카를 내려오니 대둔산 안내센터 주차장에서는 산

행에 참가하지 않은 친구들이 우리를 눈 빠지게 기다리고 있었다. 전체적으로 동창회 대둔산 야유회 조직은 잘된 조직이 아니었다. 일부는 879m를 도보로 가고 일부는 케이블카로 간다? 거북이와 토끼의 경주인가? 누가 이런 계획을 세웠나 나도 암묵리에 계획에 동조하였으니 다른 사람들과 똑같이 책임이 있다. 무모하고 엉성하기는 해도 우리 고향의 중학교 동창회이기 때문에 가능하다.

　이제는 실현이 요원한 얘기가 되겠지만 대둔산을 관광이나 야유회 목적이 아니라 산행 목적으로 간다면, 오를 때는 적당한 코스를 잡아서 도보로 오르고 하산은 케이블카로 하는 것이 제일이겠다 라고 생각을 했다. 이날 4시경 관광버스에 합류하여 대전 경유 서울로 올라와 저녁 식사까지 하고 8시경 헤어지다.

산행수필(14)

여성봉

오늘은 여성봉 코스를 밟아보았다. 여성봉 코스의 출발점은 송추 유원지 계곡인데 이곳은 연신내역에서 시내버스를 타고 굉장히 멀리 와야 다다르는 곳이다. 청춘 시절 아내와 데이트할 때 송추 일영을 지나는 교외선 기차를 타고 놀러 다니던 곳이다. 송추유원지(느티나무골 정류소)에서 시내버스를 내려 계곡 쪽으로 올라가다가 두 번째 다리를 건너 오봉탐방 지원센터를 통과 송추 남능선을 따라 오른다.

여성봉은 산모양은 예쁘고 높이도 504m로 별로 높지 않으며 송추유원지에서 한 시간 정도만 걸으면 올라갈 수 있는 곳이라 우리 아마추어 등산객들에게 사랑 받을 만한 곳이다. 특히 여성봉 정상에는 신비로운 여성의 성기(性器) 모양의 바위가 있다는 소식은 듣고 있었기에 호기심을 가지고 올라갔다. 막상 여성봉 정상에 올라보니 말로만 듣던 여성의 성기 바위가 신기하게 펼쳐져 있어서 놀라움이 컸다.

어느 조각가가 집채보다도 더 큰 바위 덩어리를 끌과 망치로 파서 여성의 음부를 조각품으로 만들었다 해도 그렇게 실감 나게 표현하기는 어려웠을 것이다. 더욱이 사람의 작품도 아니고 수억 년 전 자연의 조화 속으로 그렇게 만들어진 것이라니. 처음에 다소 요상한 바위 모양이던 것이 그동안 풍상우로에 깎이고 부식되었다가 다시 햇볕에 말려지고… 또 그렇게 깎이고… 빗물에 씻기고 폭풍에 부서지고 얼고 녹고 하는 동안에 저렇게 된 것이다.

그런데 그 육중한 바위가, 무작위로 가해지는 거칠고 두서없는 미치광이 자연의 망치질에도, 어떻게 그렇게 곱게 부드럽게 깎여서, 실제 살아 있는 여인의 음부 모양을 보는 듯한 모습이 되었을까, 신기할 뿐이다. 이 도봉산의 엄숙하고 거룩한 산신도 속으로 장난끼가 있어 사람들이 잘 오지 않는 이곳에 포르노(porno)를 만들어 놓고 혼자 즐기는 것일까? 도봉산 자체가 '자연의 자연'인데 자연의 자연 속에서도 '자연의 예술품'이 감추어져 있다니… 조물신의 조화는 참으로 오묘하다 못해 유머러스하기까지 하다.

여성의 자궁은 생산과 생성의 근원이다. 노자는 『도덕경(道德經)』에서 여성의 자궁을 은유하여 골짜기신(谷神)에서 발현하는 천지 자연의 궁리(窮理)를 피력한 바 있다.

골짜기의 신은 죽지 않나니 (谷神不死),
이를 일러 암컷이라 한다 (是謂玄牝).
암컷의 문 (玄牝之門),
이를 천지 만물의 근원이라 한다 (是謂天地根).
모든 것을 끊임 없이 (綿綿若存),
생산하여도 지치는 일이 없다 (用之不動).
※林語堂 (이재헌 역),『생활의 발견』, (삼중당, 1987) 85쪽

오늘 도봉산 여성봉은 만물과 인생의 어머니 위대한 골짜기신(谷神)의 형상을 구상화된 조형으로 전시하고 있다.

산행수필(15)

오봉

여성봉 성기 바위 바로 밑에 너럭바위가 있어서 거기서 도시락으로 점심 식사를 하고 오봉(五峰) 코스를 향해 출발하였다. 오봉은 원래 송추 남능선의 수직 우하 방향(우이령 쪽)으로 나란히 있는 다섯 개의 봉우리를 말하는데 오늘 우리가 가고자 하는 길은 다섯 개 봉우리를 다 가는 것이 아니라 5봉의 대표 봉우리인 660m 최고봉 한 개를 오르는 것이다 (이 봉우리를 대표적인 명칭으로 오봉이라고 부르기도 한다).

여성봉에서 오봉 정상은 아까 오르던 송추 남능선을 따라 계속 가파른 등산로를 오르는 것이다. 오늘의 등산 코스는 내려가는 길이 별로 없이 계속 오르기만 한다. 여성봉에서

약 1시간 가량(느린 걸음) 올라 오봉 정상에 다다를 수 있었
다. 오봉 정상에서 남쪽을 보니 옅은 연무 속에 우이령 길이
꾸불꾸불 내려다보이고 건너편으로는 상장능선 윤곽이 뚜
렷이 보인다. 그 위서울시 용산구 이촌로65가길 3, 이촌동
109동 1602호 (한강대우 APT) 쪽으로는 멀리 천궁(天穹)의
중턱에 삼각형 모양의 준수한 백운대와 인수봉이 위용을 자
랑하고 있다.

  원래 백운대가 남쪽에서 볼 때는 여러 주변의 명봉들에
가려서 그렇게 크게 보이지 않았는데 이쪽 도봉산 쪽에서
남쪽 백운대를 보니 주변에 가리는 것 하나 없어 북한산 전
체가 백운대 하나로 집약되어 있는 것 같다. 평소에 백운대
옆에서 우람하게 버티고 있던 인수봉도 이쪽에서 볼 때는
백운대와 겹쳐진 산그림자일 뿐 역시 백운대는 북한산 그
자체다 하는 느낌을 준다.

  오봉 정상을 지나 오봉 능선이라는 등산코스를 따라 한
30분 기어오르다 보니 도봉 주능선을 만나게 되었다. 오봉
능선 코스와 도봉 주능선 길이 만나는 5거리는 도봉산 정상
부의 고봉지역과 우이암 고봉지역의 가운데에 쏙들어간 안

부(鞍部)로서 도봉산의 중심부다. 이 깔딱고개 등산로 팻말에는 자운봉 0.9km라고 쓰여 있다. 이 깔딱고개를 넘으면 이제는 경기도 고양시(덕양구)에서 서울특별시 도봉구 행정구역으로 넘어오는 것이다. 도봉산을 완전 서쪽에서 출발하여 완전 동쪽으로 횡단하는 것이다. 지금 시간은 오후 2시, 연신내역에서 10시에 출발하여 모두 4시간(시내버스 탄 시간, 점심시간 포함)을 투자한 끝에 도봉산 고갯마루에 올라섰으니 앞으로 2시간만 더 동쪽으로 내려가면 마침내 도봉1동 도봉탐방 지원센터(1호선, 7호선 도봉산역)에 도착하게 될 것이다.

돌이켜 보니 5봉은 다섯개의 바위 꽃봉우리이고 아침부터 저녁까지 나의 친구가 되고 있는 것은 수려한 도봉 일대의 산봉과 수림과 들풀과 들꽃, 산새, 다람쥐, 청설모, 푸른 하늘과 흰구름, 그리고 일일이 열거할 수 없는 자연의 축복이었다. 이 대목에서 영어 찬송가 한 구절이 저절로 떠오른다.

This is my Father's world, And to my listening ears,
All nature sings, and round me rings, The music of

the spheres,

This is my Father's world: I rest me in the thought

Of rocks and trees, of skies and seas; His hand the wonders wrought.

참아름다워라 주님의 세계는

저 솔로몬의 옷보다 더 고운 백합화

주 찬송하는 듯 저 맑은 새소리

내 아버지의 지으신 그 솜씨 깊도다.

산행수필(16)

천축사

오봉 능선과 도봉주 능선이 만나는 깔딱고개에서 험준한 8부능선 등산길을 지나 관음암 쪽으로 나갔다. 관음암은 돌로된 아기 오백나한을 모신 조그만 암자였다. 관음암에서 석간수 한 잔으로 목을 축이고 계속 험준한 하산 코스로 내려온다. 이 길은 도봉산 정상부의 한 멤버인 주봉(柱峰) 기슭에 바짝 붙어가면서 선인봉쪽으로 접근하는 등산로이다. 관음암쪽에서 선인봉쪽으로 한 20~30분 접근한 곳에 마당바위가 있어 거기서 한참 쉬었다.

거기서 한참 쉬다가 등산로를 따라 내려와 천축사(天竺寺)에 들렀다. 천축사는 매우 큰 절로 청동으로 만든 입상 오백나한이 모셔져 있었다. 천축사에서 변의가 있어 해우소(解憂

所)에 가서 근심 걱정을 해소하고 기다리고 있는 친구들이 있는 쪽으로 가면서 대웅전을 다시 한 번 쳐다보다가 나는 깜짝 놀랐다. 눈앞에 펼쳐지는 장관에 경탄을 금치 못했던 것이다. 천축사 대웅전 바로 뒤로 선인봉 흰 바위가 우뚝 서 있는 모습이 보였다. 아! 천축사는 선인봉 우람찬 바위 봉우리 바로 밑에 건립되어 있었던 것이다.

  나는 절집 지붕 위에 의젓하게 버티고 서 있는 잘생긴 선인봉을 보고 천축사에서 불공을 드리는 불자들은 대웅전에 모신 부처님의 가피와 함께 위대한 자연불(自然佛) 선인봉의 가피를 같이 받겠구나 하는 느낌을 받았다. 곱배기의 축복! 천축사 구경을 마치고 도봉동 쪽으로 하산하는데 계절은 이미 가을색이 완연하고 시간은 오후 3시가 넘어 해는 어느덧 서쪽으로 기울고 있었다. 이때 문득 청록파 시인 박두진(朴斗鎭)의 "도봉(道峰)"이라는 시가 생각났다.

도 봉(道 峰)

박두진(1916~1998)

산새도 날아와 우짖지 않고

구름도 떠나곤 오지 않는다.

인적이 끊어진 곳 홀로 앉은

가을산의 어스름

호오이 호오이 소리 높여

나는 누구도 없이 불러보나,

울림은 헛되이

빈 골을 되돌아 올뿐

산 그늘 길게 늘이며

붉게 해는 넘어가고

황혼과 함께

이어 별과 밤은 오리니,

삶은 오직 갈수록 쓸쓸하고
사랑은 한갓 괴로움일 뿐,

그대 위하여 나는, 이제도
이 긴 밤과 슬픔을 갖거니와

이 밤을 그대는 나도 모르는
어느 마을에서 쉬느뇨

산행수필(17)

옥녀봉-매봉

  청계산 100배 즐기기 제1탄이다.

  청계산은 참으로 아름다운 산이다. 청계산의 아름다움은 무엇보다도 그 이름에 있다. 맑을 청, 시내 계 청계산(淸溪山)이다. 그리고 바위보다는 흙산으로 모양이 예쁘게 빠져 있어 고산의 위용을 갖추었으며 사계절 숲이 푸르러 독야청청의 이미지를 뿜어내고 있다.

  청계산은 이렇게 아름다운 산임에도 강남권 도심에 붙어 있어 강남권 주민들에게는 앞마당이나 같은 곳이다. 그래서 청계산 오르는 것은 등산(登山)이나 산행(山行)이라기보다 가벼운 산책(散策) 정도로 접근하는 것이 알맞다고 하겠다.

  청계산 산책 코스(아무리 산책 코스라지만 청계산은 높은 산이고 큰 산이기 때문에 기본적인 산행 준비는 해 가지고, 점심시간이나 휴식시간 포함해서 최소한도 4~5시간 정도는 산에 있을 계획을 가지고 올라야 된다)로 가볍게 즐길만 한 곳의 첫째로 옥녀봉-매봉 코스를 들 수 있다.

옥녀봉-매봉에 오르는 등산로는 한두 개가 아니지만 필자가 오늘 오른 코스를 중심으로 밟아 보기로 한다. 오늘 옥녀봉에 오르기 위하여 지하철 4호선 대공원역에서 내렸다. 대공원역에서 내려서 대공원 쪽으로 올라가면 대공원 청룡열차 타는 복합 서비스 빌딩이 나온다. 거기서 왼쪽 서울랜드 방향 도로로 올라가다가 서울랜드 정문 가기 직전에 서울랜드 울타리와 치킨집 호수점 사이에 난 도로로 들어간다. 그 도로 안에는 서울랜드 후문 주차장이 있고 거기서 도로를 따라 조금 올라가다 보면 왼쪽에 등산로 입구가 나온다.

거기서부터 평탄한 소나무 숲인데 이 길 걷기가 참 좋다. 한 15분 올라가면 대공원 경계임을 표시하는 가시 철망이 나온다. 그 가시 철망은 자연스런 등산로를 가로막는 형국이 되어 있기 때문에 언제부터인가 등산객들이 그 가시 철망을 한두 번씩 밟고 넘어가기 시작해서 지금은 길처럼 되어 있다. 그 길을 따라 가파른 비탈길을 직진해서 올라간다. 진땀깨나 난다. 기를 쓰고 올라가면 한 30분만에 옥녀봉 376m에 오를 수 있다.

여기만 해도 한 코스가 된다. 왜냐하면 내려오는 코스가 있기 때문이다. 여기서 매봉 쪽으로 조금 가다가 원터골 쉼터→팔각정 쪽으로 해서 원터골(서초구 원지동)로 내려가면 산을 하나 넘는 것이 되므로 하루 코스가 된다. 그러나 웬만한 등산객이면 다 욕심을 낸다. 여기까지 왔으니 매봉(582m)까지 가야 된다고 생각하는 것이다.

옥녀봉에서 매봉 가는 길은 초장에는 구름에 달 가듯이 가는 능선길인데 중간 부분부터는 완전히 계단으로 되어 있어서 가파른 계단길을 올라야 된다. 산사태도 피하고 또 미끄럼을 방지하기 위해서 그랬는지 하여튼 구청에서 계단을 다 설치해 놓았는데 처음에는 계단 수가 몇 개인가 세어보다가 한 200개쯤 세었을 때 다 잊어버렸다. 그런데 일일이 세어볼 필요가 없는 것이 자세히 보니 계단 마다에 구청에서 번호를 붙여 놓았다. 그 계단을 다 올라가 보니 번호 붙은 계단이 1500개였다. 그런가 하면 번호 붙은 계단 초입에 번호가 붙지 않은 돌계단 200여 개 있어 매봉 정상에 오르기까지 도합 1700개의 계단을 올라야 된다.

이 인공 계단은 푸른 청계산의 이미지에 맞지 않지만 숲 속의 계단이니만큼 즐길만하다. 천국의 계단이라고나 할까? 매봉 정상에 다다르기 30m 전에 매봉 바위가 있고 매봉 바위에는 매봉 바위문(門)이라는 천연 돌문(石門)이 있다. 사실은 매봉 정상부보다도 매봉 바위 쪽이 절경을 자랑하는 곳이다. 거기서 강남, 양재동, 원터골, 옛골 일대를 다 내려다보고 바로 매봉 정상에 이르렀다. 매봉 정상에는 '매봉'이라고 쓴 정상석이 세워져 있었고 비석 위 국기봉에는 태극기가 펄럭이고 있었다.

매봉에서 하산 코스는 올라오는 곳과 정반대 쪽 원터골(원지동) 등산로 입구가 된다. 매봉 바위 밑에서 거기까지 한 3km가 되는데 한 시간에 걸쳐서 내려왔고 원터골까지 내려와서 지하철 신분당선 청계산 입구역에서 지하철을 타고 귀가하였다.

옥녀봉 정상에 고려말 충신 포은 정몽주와 함께 3은(三隱)으로 불리는 목은(牧隱) 이색(李穡,1328~1396) 선생이 청계산에 대하여 읊은 시가 새겨져 있어 메모하여 왔다.

청룡산 옛 절

이 색

얼음가 눈이 끊어진 언덕이
들과 계곡에 잇닿아 있구나
단정히 남쪽 창에 앉아
주역을 읽노라니
종소리 처음 울리고
닭이 깃들려 하네

산행수필(18)

과천매봉-이수봉

    청계산 산책 코스로 가볍게 즐길만한 곳의 두 번째로 과천 매봉-이수봉 코스를 밟아본다. 이 코스의 출발점은 대공원 호수위를 달리는 케이블 리프트(곤돌라) 출발역 옆으로 나 있는 등산로이다(문원동 출발점). 출발점에서 조금 오르다가 보면 아스팔트 길이 나오고 여기서 아스팔트 길로 조금 오르다가 오른쪽으로 난 등산로로 접어들게 된다.

    여기서는 출발단계이므로 조금 씩씩거리면서 올라가야 된다. 엔진(심장) 워밍업을 조금 해야된다. 이렇게 해서 한 고개 넘고 두 고개 넘어 어느 지점에 가면 벤치도 있고 사람들 몇 명이 앉아 쉬는 지점이 나온다. 우리는 거기서 한 숨 돌리며 편의점에서 산 '와작' 초코렛도 한쪽씩 나누어 먹고 물도 마시며 조금 쉬었다.

　거기서 계속 과천 매봉이라고도 불리는 응봉쪽을 향하여 가파른 능선길을 오른다. 숲이 우거진 가파른 오름길이다. 오르고 또 오르면 얼마 만에 마치 어디 시골 장터거리에나 온 듯이 사람들이 왁자 지껄 떠드는 소리가 들리는 곳이 나온다. 그 소리를 따라 가파른 계단 길을 오르면 거기가 과천 매봉이다. 떠들석한 소리는 과천 매봉에 도착한 등산객들이 앉아 쉬면서 떠드는 소리다. 올라가 보면 정상에 만들어 놓은 데크가 있는데 발 들여 놓을 틈이 없이 많은 등산객이 올라와 있다. 과천 매봉은 그렇게 인기가 높은 등산 코스이다. 과천 매봉의 전망 데크에서는 과천 시내와 그 뒤로 관악산 기슭이 한눈에 다 보인다 (머리위를 지나는 고압선 전깃줄이 시선을 방해하지만 그래도 전깃 줄 사이로 광대한 파노라마가 전개된다).

　과천 매봉에서 조금 쉬었다가 청계산 정상인 망경대(望京臺) 방향으로 산행을 계속한다. 과천 매봉까지 올라올 때 워밍업은 잘 되어 있고 일단 올라오면 그 다음 가는 길은 평탄 길이기 때문에 거기서 걷는 길의 발걸음은 가볍고 몸도 날아갈 것 같은 기분이다. 모든 등산길이 이랬으면 좋겠다는 생각이 든다. 길에서 오른쪽 계곡 쪽으로는 심산유곡인데 굴참나무 같은 활엽수가 꽉 들어찬 그곳에 우리가 갔을 때는 웬 하얀 나방이들이 온통 골짜기에 꽉 차 있어서 이색적인 풍경을 연출하고 있었다.

　모든 등산길이 이랬으면 좋겠다는 것도 잠깐, 한 참 가다 보면 헬기장이 나오는데 거기서부터는 죽음의 비탈길이 계속된다. 조금 올라왔는가 싶으면 가파른 앞길이 턱 가로막고 있고 또 허덕거리면서 기어오르다 보면 얼마 안가서 또 시커먼 바위산이 코앞에 턱 버티고 선다. 그렇게 그렇게 오르면 마침내 한 산마루에 이르게 되는데 이 봉우리에는 이름이 없고 등산 지도에는 그냥 해발 390m라고만 되어있다. 이 390m봉 정상부에는 전망대가 있어서 그 전망대에서는 과천 대공원 전경이 환히 내려다 보인다.

　390m 봉우리를 지나면 왼쪽으로 가면 청계산 최고봉인 망경대(望京臺) 618m, 그 직전에 놓여 있는 석기봉 쪽으로 가는 길과 오른쪽으로 가면 이수봉(二壽峰) 쪽으로 갈라지는 3거리가 나온다. 그 3거리에서 이수봉 이정표가 가리키

는 방향으로 가면 이수봉 545m에 이른다.

이수봉은 과천 쪽에서가 아니라 강남쪽 즉 경부고속도로가 지나는 옛골 종점(성남시 수정구 상적동) 쪽에서 여러 번 올라본 그 봉우리이다. 이수봉은 강남쪽에서 많이 올라와 봤으나 이 이수봉이 과천 쪽에서 올라오는 등산로와 어떻게 연결되는지 몰랐던 참이었다. 오늘 사실은 그 연결 관계를 알고 싶어서 등산팀장에게 '꼭 이수봉쪽으로 내려가 봅시다.'라고 해서 이쪽으로 오게 된 것이다.

이수봉에서 사방을 둘러보고 옛골 종점으로 하산하였다. 이수봉에서 옛골 종점까지의 등산로를 철쭉 능선이라고 하는데 숲속의 자연 철쭉과 함께 등산로 주변에 일부러 심어 놓은 철쭉들로 하여 봄에는 다양한 철쭉의 향연이 펼쳐지는 곳이다.

푸르고 아름다운 청계산, 과천 매봉이나 이수봉 어느 하나만을 선택하여 일회의 등산 코스를 삼는다면 '시시한' 산행에 그칠 가능성이 있다. 살짝 응용하면 명품 코스가 된다. 과천 매봉→이수봉 이렇게 두 명봉을 연결시켜 산을 넘는 것이다. 산은 가면 갈수록 더 가고 싶어진다. 인자 요산이라 하지 않던가.

  철쭉 능선을 내려오면서, 푸른 산을 노래한 박두진(朴斗鎭) 시인의 명시 청산도(靑山圖)의 한 구절을 읊조려 본다.

청 산 도 (1연)

박 두 진(1916~1998)

산아. 우뚝 솟은 푸른 산아. 철철철 흐르듯 짙푸른 산아. 숱한 나무들, 무성히 무성히 우거진 산마루에, 금빛 기름진 햇살은 내려오고, 둥둥 산을 넘어, 흰 구름 건넌 자리 씻기는 하늘. 사슴도 안 오고 바람도 안 불고, 너멋 골 골짜기서 울어오는 뻐꾸기 …….

산행수필(19)

석기봉-매봉

 청계산 100배 즐기기 제3탄! 석기봉-매봉 코스를 밟아 오른다.

 우선 석기봉 등정 코스의 출발점은 대공원 스카이 리프트 출발역사 옆길 등산로(문원동 기점)이다. 거기서 이수봉 갈 때와 똑 같은 코스로 오른다. 즉 과천 매봉, 390m 전망대… 이렇게 간다. 가다가 이수봉 쪽으로 갈라지는 3거리(제3 헬리포트 기점)에서 이수봉 쪽으로 가지 말고 청계산 최고봉인 망경대(望京臺) 방향으로 전진한다.

 망경대는 청계산 최고봉으로 원래의 이름은 만경대(萬景臺)였다고 한다. 그런데 이 봉우리가 여말선초(麗末鮮初)에 태조가 세운 조선 조정에 나가기를 거부하며 청계산 일대에

은신하였던 고려 유신(遺臣)들의 고사와 연결되면서 망경대로 그 이름이 바뀌었다.

즉 정송산(鄭松山), 목은 이색, 조견(趙狷), 변계량(卞季良) 등 고려의 절신(絶臣)들은 태조의 회유에도 불구하고 고려의 국권 회복을 꿈꾸며 청계산에 은거하였다. 특히 조견 같은 이는 이태조와 조선의 개국공신이 된 그의 형 조준(趙浚)이 함께 그에게 조정에 나와 줄 것을 여러 번 요청하였지만 종견(從犬)이 되기 싫다고 하며 끝내 거부하였다. 고려조의 수절신(守節臣)들은 끝내 고려왕조에 대한 충의를 버리지 않고 만경대에 올라 고려의 수도였던 송도(松都: 開京)를 바라보며 슬퍼하다가 생을 마감하였다고 한다. 그래서 망경대(望京臺)가 되었다.

청계산 망경대는 청계산 최고봉이지만 군사 시설로 일반인은 그 곳에 오를 수가 없다. 따라서 청계산 산행의 정상 정복은 망경대 바로 밑에 있는 석기봉(583m) 정복으로 만족해야 한다.

이수봉 갈라지는 제3 헬리포트 기점에서 망경대 방향으로 가파른 등산로를 계속 오른다. 오른다. 오른다. 계속 오른다.

그렇게 오르면 마침내 석기봉에 이르게 되는데 거기서의 전후좌우 경치는 참으로 끝내준다. 석기봉에서 한숨 돌리고 망경대를 우회하여 매봉 쪽으로 가기 위하여 오던 길로 조금 내려와야 된다. 거기서부터 대공원 방향 우회 등산로가 시작된다.

망경대 및 대공원 쪽 우회 등산로는 고약한 험로이다. 망경대 절벽 밑의 비탈길을 오르락내리락 미끄러지고 고꾸라지면서 걷고 또 걸어야 된다. 그렇게 해서 등줄기가 펑 젖을 만큼 걷고 나면 혈읍재 능선 마루에 이른다. 혈읍재에서 고개를 들어보면 망경대는 완전히 등 뒤에 와있다.

거기서 한숨 돌리고 700m를 더 가면 매봉이 나오는데 좌(과천) 우(옛골)가 탁 터진 능선길이라 바람이 시원하다. 청계산에는 매봉이 두 개 있다. 하나는 '과천 매봉' 또 하나는 그냥 '매봉'이다. 매봉은 582m인데 석기봉 583m보다 1m 낮은 청계산 제3봉이다. 석기봉 →매봉을 답파하고 원터골로 하산하니 빵빵한 하루 코스가 되었다.

산에는 왜 오르는 것일까? 달리기를 사랑해서 달리기를 멈추지 않는 자폐증 청년의 이야기를 그린 영화 '말아

톤'에서 주인공은 달릴 때가 가장 행복하기 때문에 달린다고 한다. 나는 아마추어 등산객들이 즐겨 산을 찾는 이유도 이에서 멀지 않다고 생각한다. 산이 주는 다함 없는 행복감 때문에 우리는 산에 끌리고 산을 찾는다. 등산은 실락원(paradise lost) 이전의 에덴동산을 여행하는 것! 몽환 중에나 거닐어 볼 수 있는 낙원을 백주 대낮에 맨정신에 거니는 것과 같다.

 그러나 과욕은 금물! 친구들이여, 적당한 선에서 인자 요산(仁者樂山) 합시다.

산행수필(20)

청계산 종주

청계산 100배 즐기기의 제4탄이자 실버 산객 청계산 프로젝트의 완결편은 길게 누워 있는 청계산을 종주하는 것이다.

청계산 종주의 출발점은 역시 대공원 스카이 리프트 출발역 옆으로 난 등산로 입구(문원동 기점)이다. 여기서 과천 매봉을 향하여 오르고 또 오른다. 과천 매봉 전망대는 다시 올라갈 필요가 없으므로 전망대 바로 밑으로 난 우회 등산로를 통과하여 제1 헬리포트 기점까지 행군을 계속한다. 거기서 390m 전망대까지 죽음의 비탈길이다. 390m 전망대에서 대공원 한 번 내려다 보고 다시 발걸음을 재촉하여 제3 헬리포트 기점까지 간다. 제3 헬리포트 기점은 석기봉(망경대) 쪽으로 직진하는 등산로와 이수봉(국사봉) 방향의 등산로가 갈라지는 3거리이다.

거기서 석기봉 쪽으로 직진한다. 석기봉 정상 역시 이미 밟아보았으므로 이번에는 생략하고 그 직전에서 과천 대공원 방향 망경대 우회 등반로로 접어들었다. 이 길은 망경대 절벽 밑의 비탈길을 오르락 내리락 미끌어지고 고꾸라지면서 걷고 또 걷는 길이다. 이 길의 구간에는 마왕굴(魔王窟)과 마왕샘(단비샘)및 금정수(金井水), 혈읍재(血泣峙) 등의 잘잘한 탐방명소들이 포함되어 있다.

이 망경대 일대의 탐방명소들은 여말선초의 고려조 수절신(守節臣) 또는 연산군 폭정의 희생양이 되었던 사림파(士林派: 예건대 정여창) 선비들이 고귀한 절의를 고수하면서 은둔과 한탄으로서 무심한 풍진 세태에 저항하던 고사와 관계가 있다.

마왕굴은 석기봉 북서편 100m 바위 절벽 아래에 있는 깊지 않은 자연 동굴이다. 좌우로 두 개의 굴이 있는데 오른쪽 굴에는 마왕샘 또는 단비샘이라고 부르는 맑은 샘이 흐르고 있다. 마왕굴의 앞에는 마왕굴의 유래에 대한 안내문이 걸려 있는데 그에 따르면 이태조의 조선에 협조를 거부한 고려조의 수절신 조견(趙狷)이 망경대에 올라 송도를 바라보며 슬퍼하다가 이곳에 들러 쉬어 가던 곳이라고 한다.

마왕굴에서 더 올라가 망경대 바로 밑에는 금정수라는 또 하나의 샘이 있다. 이 샘은 무오사화(戊午士禍, 1498)로 부관 참시된 바 있는 점필재 김종직(金宗直. 1431~1492)의 문하 일두 정여창(鄭汝昌, 1450~1504) 선생과 관계가 있는 산정 우물이다. 성종때 총애를 받던 김종직, 정여창, 김굉필 등 사림파는 연산군이 등극하자 훈구파 유자광(柳子光) 등의 모략에 의하여 벼슬길에서 밀려났다. 정여창은 유자광등에 의하여 축출된 이래 청계산 금정수 옆에 움막을 짓고 은거하였다고 한다. 그러다가 마침내 무오사화가 일어나 김종직은 부관참시되고 정여창은 종성(鍾城)으로 유배되었다가 사사되었다.

마왕굴 우회로 끝부분에는 혈읍재라는 고개마루가 있는데 이 고개의 이름이 혈읍재인 것도 정여창의 고사와 관계가 있다. 즉 정여창이 스승 김종직의 부관 참시 소식을 듣고 금정수로 가는 길에 이 고개에서 통분해 울었는데 그 울음

소리가 산 멀리까지 들렸다 하여 후학인 정구가 혈읍재라고 명명하였다고 한다.

    마왕굴 우회로를 답파한 뒤 혈읍재 능선 마루에 올라 매봉 정상을 거쳐 매바위에서 원터골 일대를 한번 내려다보고 계단 1700개를 밟아 옥녀봉에 다다랐다. 옥녀봉에서 계속 전진하여 양재동 트럭 터미널에 다다름으로써 청계산 종주를 끝낼 수 있었다. 오늘 총 걸은 거리는 약 12km, 시간은 약 7시간 걸렸다.

    참 잘했지요, 이~이! 다리는 아프지만 기분 좋은 아픔이다.

    오늘 주파한 코스는 등산로 구간만 약 11km, 그리고 지하철에서 내려서 등산로 입구까지, 그리고 하산로 입구에서 신분당선 양재 시민의 숲 역까지 걷는 거리를 도합하여 총 12km쯤 되는 것 같다. 매봉에서 옥녀봉 내려오는 데까지는 제법 씩씩하게 걸었으나 옥녀봉에서 트럭터미널까지는 무거운 다라를 끌면서 오기로 버텼다.

    20년만 젊었어도 5~6시간이면 걸을 거리를 거의 8시간이나 걸려 오후 6시가 되어서야 양재동에 다다를 수 있었다. 8시간 걸려서라도 70나이에 청계산을 끝에서 끝까지 종주

하였다는 게 어딘가? 꼭 5~6시간 걸려야만 산행을 잘하는 것인가? 겉 사람은 후패하나 속사람은 날로 새롭도다 라는 성경 말씀도 있지 않은가?

산행수필(21)

문수봉 오르기

　　산행 체험에는 중독성이 있다. 산행할 때마다 느끼는 짜릿한 쾌감 때문에 다음에 또 가고 싶어지는 것이다.

　　　日日看山看不足(일일간산간부족)
　　　時時聽水聽無厭(시시청수청무염)
　　　自然耳目皆淸快(자연이목개청쾌)
　　　聲色中間好養恬(성색중간호양념)

　　　날마다 산을 보건마는 아무리 보아도 부족하고
　　　언제나 물소리를 듣건마는 아무리 들어도 싫증나지 않는다
　　　자연을 향하면 귀와 눈은 다 맑고도 상쾌해

그 소리와 그 빛 사이에서 평온한 마음 가꾸어야지

고려 고종~충렬왕 때 활약했던 승려 시인 충지(冲止)의 한중자경(閑中自慶)이라는 시다. 북한산이나 도봉산은 금강산이나 설악산만은 못하겠지만 서울에서 1시간 이내에 닿을 수 있는 명산 중의 명산이다.

오늘은 몇몇 산행 친구와 함께 북한산 문수봉(文殊峰)을 오른다. 불광역 2번 출구에서 출발하여 구기터널 입구의 탐방지원센터에서 오른쪽 탐방로를 따라 오르면 북한산 둘레길 제7구간 옛성길 구간을 만난다. 거기서 향로봉(비봉) 방향으로 오르다 보면 탕춘대성 암문이 나온다. 그 암문을 빠져 나와 산쪽으로 오르는 길이 탕춘대 성곽길이다. 거기서 700~800m 올라가면 탕춘대 성곽 탐방지원센터가 나온다. 거기서 300m만 더 가면 탕춘대 성곽이 끝나는데 거기서 오른쪽 비봉 등산로로 오른다.

거기서 비봉까지 가서 점심 식사를 하였다. 비봉에서 점심 식사를 하고 400m를 가면 사모 바위가 나오고 사모 바위에서 계속 전진하면 승가봉이 나온다. 승가봉에서 문수봉을 바라보니 문수봉은 저 멀리 드높이 건너다 보일 뿐 전혀 우리의 접근을 허용하지 않을 것 같은 태세다.

승가봉은 아름답고 아기자기한 봉우리이기는 하나 그렇게 높거나 험한 코스는 아니다. 승가봉 정상에 서 있으면 신선이 된 느낌이다. 그만큼 맑고 신선한 공기가 감도는 아름다운 동산이다. 승가봉 정상에서 문수봉쪽으로 내려가는 코스가 난코스이다. 바위 비탈을 줄을 잡고 뒷걸음으로 내려가야 된다. 거기를 지나면 승가봉 권은 빠이빠이라는 식으로 멋지게 생긴 자연 돌문(石門)이 버티고 서있다. 그 돌문의 이름을 어떤이는 통천문(通天門)이라고도 하고 어떤이는 승가문(僧迦門)이라고도 부른다.

승가문을 지나 계속 하산길이다. 저 높은 문수봉을 오르기 위해 계속 발품을 팔면 길이 좀 가까워야 되는데 가까워지기는커녕 무심한 문수봉은 저멀리 떨어져 있고 길은 삐뚤빼뚤 구불구불 계속 내려가기만 한다. 그렇게 해서 비봉 능선이 완전히 끝난 다음에 새로운 산이 시작되는 모양이다. 그렇게 해서 완전히 산밑으로 내려왔다고 생각되는 부분에 마리린 몬로 허리보다도 훨씬 쏙드러간 안부가 있다. 승가사 깔딱고개다.

거기서부터 문수봉 등정이 시작되는 것이다.

산행수필(22)

연화봉에서

　승가사 깔딱고개에서 문수봉 오름이 시작되는데 문수봉 오름은 시작부터가 가파른 암벽을 철봉을 잡고 오르는 것이다. 여기서는 아예 스틱은 필요 없으므로 접어서 넣으라고 리더가 코치한다. 철봉을 손으로 잡아야 하기 때문에 목장갑을 끼고 발목의 힘보다는 손아귀의 힘으로 철봉을 감아올려 가면서 계속 암벽길을 오른다. 참 힘들다. 오르고 또 오르고 오르고 또 오른다. 이유가 없다. 중단 없는 전진이다. 그렇게 해서 한 30~40분 올랐을까 온 몸에 땀이 차고 팔다리가 후덜덜할 때쯤 문수봉 등정의 90%는 완성되었다. 거기가 문수봉 정상 바로 밑 제2 정상이라고 할 수 있는 연화봉(蓮花峰)이다.

연화봉은 연꽃이 피어있는 봉우리라는 뜻인데, 사실상 문수봉 정상부의 경관은 연꽃이 피어있는 아름다운 연당지(蓮塘池)의 이미지에 비유된다. 해발 722m의 암봉인 문수봉 밑에 무슨 연못이 있을까만은 연화봉 연꽃 바위를 머리에 이고 있는 넓적한 바위를 연잎이라 한다면 연화대 바위가 놓여 있는 펑퍼짐한 연화봉 암반은 그 자체가 연못의 수면 격이다.

연화봉 암반은 펑퍼짐한 너럭바위, 그곳에 올라서는 쉬기 좋다. 등산팀 리더는 여기서는 아예 등산화 벗고 양말 벗고 쉬는 게 좋다고 한다. 등산화 벗고 양말 벗고 쉰다. 등산화 벗고 양말 벗고 바위 위를 안방처럼 걸어 다녀도 발바닥에 먼지 하나 안 묻는다. 650m가 넘는 고공의 암봉은 비 내릴 때 빗물에 씻기고 가을 햇살과 산들바람이 말려주고 씻어주어 대청마루처럼 깨끗하다.

여기 올라온 사람들은 내려가지 말고 여기서 그냥 살았으면 좋겠다고 한다. 에어컨, 카페트, 돗자리, 소파, 부채, 선풍기… 하나 필요없다. 산들 바람, 부드러운 햇살, 푸른 하늘 위의 하얀 새털구름, 양탄자보다도 더 부드러운 바위 표면,

주변의 푸른 수해(수해: 초가을이라 단풍색이 조금씩 섞이기 시작하는…)가 우리에게 쉴만한 공간이 되어 준다.

여호와는 나의 목자시니 내게 부족함이 없으리로다.
그가 나를 푸른 풀밭에 누이시며 쉴만한 물가로 인도하시는도다.
내 영혼을 소생시키시고 자기 이름을 위하여 의의 길로 인도하시는도다.(시편 23:1~3)

여기가 바로 그런 곳이다. 연화봉에서 내려다 보는 비봉 능선 일대의 경관도 장관이다. 비봉 능선 자체를 중심축으로 하여 양쪽으로 수십 개의 능선 지맥이 나뭇잎의 잎맥처럼 가지 쳐 있다. 그 지맥의 능선과 능선 사이에는 계곡이 파여 있는데 세월이 흐름과 함께 시냇물도 흘러 계곡은 더욱 깊어지고 그에 따라 능선들은 더욱 날카로워지는 모습들… 완전히 코리언 지오그래픽이다.

일찍이 율곡(栗谷) 선생이 금강산 유람기를 적은 풍악행(楓岳行)이라는 시에서 다음과 같이 읊었던 일이 생각난다.

물은 천지(天地)의 혈맥이 되고

흙은 천지의 살을 이루다.

백골이 쌓이어 두둑한 곳은

준초(峻峭)한 산악을 이루었구려.

(李珥, "楓岳行" 중에서, 최철(편역), 『東國山水記』,

서울:덕문출판사,1997, 96쪽)

산행수필(23)

문수봉 정상에서

　연화봉에서 문수봉 정상쪽을 향하여 가는 30~40m 정도의 길은 구름 위에 난 오작교 다리이다. 구불구불한 바위 협로의 양옆으로 소나무 떡갈나무 숲이 자연 정원을 이루고 있다. 이 오작교가 있는 산상 정원에서는 하늘에서 내려온 선녀가 날개옷 자락을 살살 끌며 걸어 다니는 모습이 상상된다.

　거기를 지나 정상부 쪽으로 가면 정상부는 추상 반추상, 구상 반구상의 돌 조각 전시장이다. 옛날 임금이 쓰던 탕건 같은 웅장한 정상바위 위에 개구리,두꺼비, 맹꽁이등 양서류중 어떤 놈 모양 같기도 한 돌덩이들이 나란히 서서 연화봉 쪽을 내다 보고 있다. 연당지(蓮塘池) 둑위 에서 연당지 위로 날아다니는 날 파리라도 잡기 위하여 내려다보고 있는 것일까? 이들 자연 조각품들을 머리에 이고 있는 정상 바위는 탕건 같은 모습이기는 하지만 미끈하게 잘 생긴 것이 아니라 거창하고 그러면서 약간 어글리하게 생겼다. 몸의 일부는 주름투성이이다. 그 앞의 너럭바위에서 정상바위의 주름진 암벽과 그 위에 얹혀진 특이한 모양의 형상석들을 바라보면 동화 나라의 거대한 바위 신전 앞에 서 있는 느낌이다.

이제는 문수봉 정상(722m)에 오를 차례다. 문수봉 정상에 오르는 길은 그냥 맨손으로 오를 수 없고 밧줄(자일)이 있어야 오를 수 있는데 정상의 동쪽 비탈 암벽에다가 인위적으로 클라이밍 홀드를 파놓았기 때문에 밧줄 없이도 오를 수 있다.

문수봉 정상에 올라서 보면 서울 장안이 다 보이고 서쪽으로는 비봉 능선이 내려다보이며 비봉 능선에서 약 70° 방향의 북북서향으로 의상 능선이 보인다. 사실상 문수봉은 비봉 능선의 끝이며 의상 능선의 시작이라고 할 수 있다. 의상 능선은 문수봉으로부터 의상봉에 이르는 긴 능선인데 이 의상 능선에는 모두 7개의 명봉이 차례로 연결되어 있다. 문수봉, 나한봉, 나월봉, 중취봉, 용혈봉, 용출봉, 의상봉이 그 것이다. 그리고 문수봉 정상에서 북쪽을 바라보면 예의 백운대, 만경대, 인수봉의 3각산봉과 그 앞의 노적봉 일대가 다 내다 보인다.

  가슴이 탁 트인다. 70이 넘은 나이에 700m이상 되는 고봉을 찾아 다니는 것이 꼴값 떠는 일일까? 나는 그렇게 생각하지 않는다. 초원의 빛과 영광은 이미 사라졌을지 모르지만 70이라고 해도 영혼의 맥박은 아직 뛰고 있기 때문이다.

Splendor in the Grass (초원의 빛)

William Wordsworth(1770~1850)

What though the radiance which was once so bright
Be now for ever taken from my sight,
Though nothing can bring back the hour
Of splendor in the grass, of glory in the flower
We will grieve not, rather find

Strength in what remains behind…

In the soothing thoughts that spring

Out of human suffering…

In years that bring the philosophic mind.

한때는 그렇게도 밝았던 광채가

이제 영원히 사라진다 해도,

초원의 빛이여, 꽃의 영광이여,

그 시절을 다시 돌이킬 수 없다 해도,

우리 슬퍼하기보다, 차라리

뒤에 남은 것에서 힘을 찾으리,

인간의 고통에서 솟아 나오는

마음에 위안을 주는 생각과

사색을 가져오는 세월에서

산행수필(24)

대남문

 문수봉 정상으로부터 동쪽 방향으로는 의미 깊은 전망 명소들이 내다보인다. 문수봉은 원래 '나홀로 외로운' 봉우리가 아니고 그 상대가 되는 짝이 있다. 동쪽으로 건너다 보이는 보현봉(普賢峰)이 그것이다.
 문수봉(文殊峰)의 이름은 불제자 중의 한 사람인 문수보살(文殊菩薩)의 이름에서 따온 것인데 원래 문수보살은 보현보살(普賢菩薩)과 함께 석가모니불을 협시(脇侍: 좌우에서 모심)하는 보살이라고 한다. 즉 일반 사찰의 대웅전에 가면 석가모니불이 가운데 모셔져 있고 그 왼쪽에 문수보살, 오른쪽에 보현보살이 시종(侍從)하는 형태로 모셔져 있는 것이 보통이라고 하며, 대적광전(大寂光殿)에도 비로자나불 좌 우측에 문수,보현 양보살상이 배치되어 있다고 한다.

 이러한 사실을 자료에서 찾아 보아 알기 전에는 문수봉 건너편에 보현봉이 있다 하여도 그저 그런가 보다 했는데 이런 사실을 알고 여기 와서 보니 새삼스런 느낌이 든다. 문수봉 정상에서 보현봉의 아름다운 자태가 바로 건너다 보인다. 문수봉, 보현봉은 북한산성 대남문을 사이에 두고 좌우에서 부처님을 협시하는 두 제자봉의 자격으로 거기 양립하여 서 있었던 것이다.

 그러면 문수봉은 좌에서 보현봉은 우에서 부처님을 협시하고 있다면 그 가운데 계신 석가모니불은 과연 어디에 있다는 말인가? 그것은 이 두 봉우리 사이의 안부에 건설되어 있는 북한산성 대남문(大南門)이 부처님 격이라고 해석할 수도 있고 아니면 추상화 된 인격으로서의 북한산성이라는 국가 수호의 보루 자체가 곧 부처님이라고 볼 수도 있을 것이다. 이 세상에 부처 아닌 것이 없는데 북한산성이라는 추상화된 인격을 부처님이라고 보았을 때 그 좌우를 협시하는 것이 문수봉이고 보현봉인 것이다.

 문수봉에서 보현봉은 성곽으로 연결되어 있다. 그리고 그 두 봉 사이의 안부에 아름다운 문루(門樓)를 가진 대남문이 서 있는 것이다. 문수봉 정상에서 사방을 둘러보며 쉬다가 내려와서 성곽을 따라 대남문으로 내려갔다. 말로만 듣던 성곽및 성문을 직접 보고 성곽길을 걸어 대남문을 통과하니 감개가 무량하였다.

 필자가 대남문에 와보면서 감개가 무량한 이유가 있다. 원래 2011년 목요산행을 처음 시작한 이래 북한산성의 주요 성문 중 몇 개는 가보았다. 그런데 북한산성 주요 성문 탐방은 그 시작을 주로 속칭 산성입구라고 하는 북한산성 탐방지원 센터(서울특별시 은평구 진관동)에서 하기 때문에 그동안 이 산성입구에서 가까운 성문들만을 가보았던 것이다. 거기 그 산성입구 쪽에서 생각하면 대남문이나 대성문은 가장 먼 남쪽 구석에 있는 것이다. 필자가 고령의 초보 등산객인 탓에 그런 것인데, 북한 산성 안내지도 등을 보면서 아, 저 대남문, 대성문은 언제 가보나 하고 동경만 하고 있었던 터였다.

 그런데 어느 날 지도를 보다가 문득 대남문이 구기 계곡 윗 쪽 문수봉과 보현봉 사이에 있는 성문이라는 사실을 깨닫게 되었다. 새삼스럽게 깨달은 것이다. 남쪽으로부터 생각하면 바로 코앞에 있는 것을 서쪽 산성 입구로부터 생각하여 대단히 먼 곳으로만 알고 있었던 것이다. 발상의 전환, 패러다임 쉬프트, 남들이 보면 웃을 일일지 모르지만 나에게는 신선한 충격이었다. 대남문의 위치가 확인이 되었으니 이제 남쪽으로부터 내집 드나들 듯이 드나들게 되었다.

대남문을 통과하여 구기동으로 내려오는 계곡 길을 따라 2.7km를 걸어 이북5도청 앞을 통과 진흥로 구기동에서 시내버스를 타고 불광역으로 회귀하여 귀가하였다.

산행수필(25)

형제봉

　수필가 피천득 선생은 "비원"(祕苑)이라는 제목의 수필에서 다음과 같이 쓴바 있다.

　　미(美)는 그 진가를 감상하는 사람이 소유한다. 비원뿐이랴. 유럽의 어느 작은 도시, 분수가 있는 광장, 비둘기들, 무슨 애비뉴라는 고운 이름이 붙은 길, 꽃에 파묻힌 집들, 그것들은 내가 바라보고 있는 순간 다 나의 것이 된다. 그리고 지금 내 마음 한구석에 간직한 나의 소유물이다. (피천득,『수필』, 범우사, 1985, 41쪽)

　북한산 일대의 산경을 나의 소유물로 하는 나의 안복(眼

福) 목록에 형제봉 능선 코스를 추가하기 위하여 오늘 형제봉을 찾는다.

　형제봉을 찾아가는 길은 불광역 2번 출구에서 나와서 진흥로 건너편 버스 정류장에서 버스를 타는 것으로 시작된다. 정릉 방향 구기터널, 북악터널 지나서 국민대 쪽으로 가는 7211번 버스이다. 북악터널 가기 직전에 평창동 삼성아파트 정거장에서 내린다. 거기서 길을 건너서 북한산 둘레길 〈평창마을길〉표지판을 따라 산쪽의 포장도로로 올라가다가 오른쪽으로 〈서울지구촌 교회〉 표지판이 가리키는 방향으로 계속 올라간다. 조금 올라가면 포장도로가 끝나는 지점의 오른쪽으로 북한산 둘레길 제5구간 명상길 구간 입구가 나온다.

　거기서 등산을 시작한다. 처음 한 참은 계단길(棧道)이다. 이 계단길이 끝나는 능선 마루가 형제봉 방향 등산로 입구이다. 여기서 북한산 둘레길을 버리고 형제봉 능선으로 오르는 것이다.

　형제봉 능선길 자체가 명품이다. 화강암 재질로 된 암릉길인데 코스는 완만한 편이고 아기자기해서 언덕과 바위틈에서 숨바꼭질 하듯이 오른다. 초입의 구간에는 인디안 바위, 거북바위 등의 형상석 바닥길을 걸어 올라가는 구간도 있고 그 길의 양옆에는 특별한 모양도 없이 그 용적들이 대단히 큰 거암들이 나뒹굴어져 있다. 그 구간을 지나면 가파른 바위 절벽 길을 밧줄 잡고 올라 가고….

그렇게 약 1km 걸어 올라가면 형제봉 중 아우봉(461m)과 형봉(463m)을 만난다. 먼저 아우봉에 다다르고 이어서 바로 옆에 붙어 있는 형봉에 오를 수 있다. 형제봉 일대는 보현봉 밑자락인데 보현봉에서 흘러내리는 능선이 한참 동안 낮은 고도로 흘러내리다가 형제봉 부분에 이르러서만 460m이상으로 쏙 올라와 있어 일대 산자락의 랜드마크 역할을 하고 있고 이곳을 오르내리는 산우들에게 많은 사랑을 받고 있다.

형제봉 능선길에 직접 연결되어 있는 것은 형제봉 중 '아우'이다. 형은 봉우리의 밑에서 위까지 미끈한 육산으로 전체가 나무로 덮여 있어 얌전하게 빠져 있는데, 아우는 울퉁불퉁 우락부락 바위무더기라 남성적이고 씩씩해 보인다. 이 집안에서는 아우가 형을 리드하는 듯이 보인다. 아우는 오르내리는 산객의 길목이 되어주고 전망대 쉼터 역할도 하여 준다.

 이 전망대에서는 북악 스카이웨이 팔각정이 멀리 내다보인다. 형은 옆으로 비켜서서 자리만 지키고 있는 모습이다. 하지만 형제봉은 형이 있으므로 의미를 가진다. 형봉이 없었다면 아우봉은 이름 없는 소봉에 그쳤을 것이다. 형제봉은 형제가 다정하게 나란히 서 있다는 것과 그 이름이 형제봉이라는 것 때문에 많은 산객들의 사랑을 받고 있다.

산행수필(26)

보현봉을 바라보며

　형제봉은 북악터널 쪽에서 북한산성을 가는 길의 경유지 역할을 한다. 지금 우리가 가는 길은 형제봉을 지나 북한산성의 관문인 대성문을 통과하려는 것이며 대성문 동쪽의 암문인 보국문을 거쳐 칼바위 능선을 오르려는 것이다.
　일행은 형제봉에서 일대 사방의 전망을 구경하고 대성문(大城門)을 향하여 올랐다. 형제봉에서 대성문 방향으로의 등산로는 보현봉 남쪽 산록에서 보현봉(700m)을 정면으로 바라보며 오르는 길이다.
　형제봉을 지나 아우봉의 가파른 암릉 비탈을 밧줄에 의지해 가면서 내려가면 능선길 안부에 다다른다. 그 안부(깔딱고개) 사거리에 대성문 2.0km라는 이정표가 서있다. 거기서부터 대성문 쪽으로 오르는 등산로는 암릉길이 아니라 흙길, 숲 비탈에 험하게 구렁진 길이다. 길가의 요로 요로에는 나무 뿌렁지들이 앙상하게 드러나 있다. 이런 길을 우리 실버 등산객의 걸음으로 한시간 가량 올라야 된다.

　이 길에서의 볼거리는 앞쪽으로 보이는 보현봉(普賢峰) 일대의 풍경이다. 형제봉쪽에서 보이는 보현봉은 동쪽에서 서쪽 방향으로 거대한 사자 혹은 스핑크스가 하늘로 머리를 두고 그 앞발로 대남문(大南門)을 움켜쥐고 있으면서 서울 방향 남쪽 일대를 지켜주고 있는 형상이다. 동쪽 기슭은 완만한 경사의 숲 능선이요 서쪽과 남쪽은 수직에 가까운 바위 낭떨어지이다. 그리고 한낮의 햇살에 하얗게 빛나는 화강암 절벽은 좌 상단에서 우 하단 방향으로 빗금이 가 있다. 그 거대한 바위벽에 무슨 절리(節理)라고 해야할지 지층(地層)이라고 해야할지 부채살 모양의 빗금이 좍좍 가 있다.

　그런가 하면 정상의 뒷머리 부분엔 사자의 갈기 모양 푸르른 수림이 덮여져 있는 가운데 이 사자의 갈기는 산동쪽 사자의 등 줄기에 해당되는 부분으로 연결되어 있다. 산은 전체적으로 암벽, 아름다운 산봉, 산기슭 일대의 단풍숲의 종합 예술품으로 완전한 한폭의 진경 산수(眞景山水)를 연출하고 있다.

보현봉은 높고 높아 구름이 그 아래 있는 듯한데 산봉의 꼭대기 바로 밑에 일선사(一禪寺) 기와 지붕이 단풍숲 사이로 빼꼼이 드러나 있다. 마치 고대광실 높은 집의 처마 밑에 제비집이 붙은 것 같다. 자연의 풍경은 인문과 조화되고 저 높은 곳에도 사람 사는 집이 있었다. 완전히 한편의 동양화다. 잠시 가던 길을 멈추고 가을 산행시 한수를 되뇌어 보았다.

山 行

두 목(杜牧; 803~853) 당나라 시인

遠上寒山石徑斜(원상한산석경사)
白雲生處有人家(백운생처유인가)
停車坐愛楓林晚(정거좌애풍림만)
霜葉紅於二月花(상엽홍어이월화)
멀리 가을 산 위로 비스듬한 돌길이 이어져 있구나

흰구름 피어오르는 곳에 인가가 있어

수레를 멈추고 늦가을 단풍 숲을 그윽히 쳐다보나니

서리 맞은 단풍잎이 2월의 봄꽃보다 더욱 붉고나

산행수필(27)

대성문-보국문

늦가을 단풍을 감상하며 보현봉 턱밑까지 왔을 때 일선사 입구를 알리는 이정표가 있었다. 거기서 앞만 보고 오르고 또 오르니 저만큼 성곽이 보이고 성곽이 연결된 부분에 대성문(大城門) 지붕 한 쪽이 보이기 시작한다.

대성문은 대남문에서 성곽을 따라 동쪽으로 300m 지점에 세워져 있는 성문으로 북한산성 가운데서 가장 큰 문이다. 원래는 소동문(小東門)으로 불리우는 작은 암문(暗門)이었다. 그런데 이 소동문은 산성 행궁에서 나와서 방금 우리가 올라온 형제봉 능선을 따라 내려가서 북악터널 위의 보토현(輔土峴)을 거쳐 구준봉 서쪽으로 서울성곽과 연결될 수 있는 길목에 위치하고 있었던 것이다. 이런 이유로 행궁에 납시었던 임금이 이 문을 출입하게 됨으로써 이 문을 문루가 있는 큰 성문으로 개축하게 되었다고 한다.

  필자는 문수봉 갔을 때 대남문도 통과하여 보았고 오늘 또 보현봉 밑 일선사 길을 통하여 대성문까지 와서 보니 감개가 무량하였다. 사실 북한산 산행이란 북한산성 내부와 외곽의 계곡, 능선, 암봉 등을 탐방하는 것인데 1회 산행할 때마다 1개소씩 탐방을 하다 보니 필자의 머리속에는 북한산성의 주요 성문이나 또는 다른 명소들, 그리고 유명한 암봉이나 능선들에 대한 탐방 기억이 일회 단위로 조각조각 흩어져 있는 상태였다. 그런데 최근 한두 달 사이에 유명한 산봉들 문수봉, 보현봉, 형제봉과 두 큰 성문 대남문과 대성문을 연결시켜 가면서 탐방하게 되니 산만하게 흩어져 있던 북한산 명소들에 대한 퍼즐 조각이 갑자기 완벽하게 맞추어지는 느낌이다. 오늘 형제봉을 거쳐 어렵게 보현봉 비탈길을 걸어 마침내 대성문에 도착하여 필자는 마음속으로 외쳤다. 북한산 너는 이제 완전히 내꺼야!

  뿌듯한 마음으로 대성문 탐방을 마치고 성곽을 따라 오른쪽으로 보국문(輔國門) 이라는 암문을 향하여 산행을 계속하였다. 암문(暗門)은 문루(門樓)가 없는 산성의 통용문을 말하는데 전시에는 중요한 방어진지 역할을 하고 평시에는 병력들과 행인들의 통행로 역할을 한다. 보국문은 북한산성에서 정릉(청수장)으로 내려가는 중요한 통행로의 역할을 한다.

  대성문에서 보국문까지의 성곽길은 삼각산 3봉(백운대, 인수봉, 만경대)을 정면으로 조망하기에 더 없이 좋은 조망 명소이다. 대성문에서 보국문으로 가는 성곽길에는 삼각산 3봉 쪽을 정면에서 볼 수 있게 전망대를 두 군데나 만들어 놓았지만 정식으로 닦아 놓은 전망대 아니라도 성곽길을 지나는 내내 삼각산은 보인다. 삼각산 3봉은 전망대에서 보는 것보다 그냥 성곽길 가면서 낙엽이 다 떨어진 나뭇가지 사이로 언뜻언뜻 보일 때가 더 멋있다. 하늘을 찌를 듯한 그 고봉들의 앞쪽에는 웅장한 노적봉이 압도적으로 시선을 흡인하고 있다.

  삼각산과 노적봉의 위용을 보노라니 창조주 하나님의 솜씨 예찬이 마음속에서 저절로 우러나온다.

너희는 눈을 높이 들어 누가 이 모든 것을 창조하였나 보라. 주께서는 수효대로 만상을 이끌어 내시고 그들의 이름을 부르시나니 그의 권세가 크고 그의 능력이 강하므로 하나도 빠짐이 없느니라. (이사야 40:26)

Lift your eyes and look to the heavens: Who created all these? He who brings out the starry host one by one, and calls them each by name. Because of his great power and mighty strength, not one of them is missing. [NIV]

산행수필(28)

칼바위 능선

　칼바위 능선을 가기 위해서는 보국문에서 성곽을 따라 조금 더 동쪽으로 가야 된다. 한참 가면 성곽 말랭이에 암문도 아니요 통용문도 아닌데 성곽을 일부 잘라서 등산객들이 지나다니기 좋게 만들어 놓은 곳이 있다. 거기를 통과하면서 남쪽으로 내다보이는 깎아지른 돌산과 그 돌산을 오르고 내리는 등산로가 칼바위ㅍ능선이다. 일반적으로 칼바위 능선이라고 한다면 양쪽 중 한쪽 또는 양쪽 모두가 낭떠러지로 되어 있어 칼날 같이 좁으라운 능선길을 길게 가야 하는 등산지형을 말한다. 그런데 대체로 긴 능선마루가 아니라도 바위가 뾰죽하여 한쪽으로 경사가 심하면 보통 칼봉 또는 칼바위라고 한다. 이곳 정릉 뒤쪽 북한산 칼 바위가 그런 곳이다.

　그냥 칼봉일 뿐인데 그 칼봉 즉 깎아지른 돌산 자체를 올라갔다 내려오기 위한 접근로 즉 인근의 등산로가 일단은 능선을 이루고 있기 때문에 칼바위 능선이라고 부르는 것이다. 칼바위봉 또는 칼바위산은 필자가 생각하기에는 젊고 싱그러운 처녀 같은 산봉이다. 그만큼 예쁘고 아기자기하다. 예쁜 처녀가 콧대도 높은 법, 예쁜 반면에 험산이다. 원래 등산 코스가 될 수 없을 만큼 높은 험산인데 사람들이 어거지로 오르내리니까 할 수 없이 등산로가 된것이다. 그만큼 칼바위봉 등로는 까칠한 험로이다. 송곳 같이 뾰죽뾰죽한 돌 바위숲, 가파른 비탈을 장애물 경주를 하듯이 주파해야 한다.

　성곽으로부터 칼바위능선으로 접어들자마자 바로 칼바위봉 직벽과 맞닥드리게 게되는데 험한 비탈을 줄 잡고 기어오르고 국립 공원 공단에서 만들어 놓은 계단을 이용해 계속 오른다. 그렇게 계속 오르다 보니 칼바위봉 정상(575m)이 있었다. 이 칼바위봉 정상은 북한산 암반의 전형적 유형이라고 할 수 있는 화강암 암질과는 전혀 다른 돌연변이성

암봉이다. 색깔도 흰 색이 아니라 불그죽죽 폭탄 맞은 화산석 덩어리 같은 암체들이 엉키고 섞여 있다. 그로테스크한 괴형의 암체들이 불안하게 서로를 고이고 있다. 그래서 그런지 접근 금지 표시가 되어 있고 입구를 펜스로 막아놓았다. 여기에서는 안복(眼福) 만을 누려야 한다. 촉수엄금 접근금지, 콧대 높은 여신을 다만 경배하는데 그쳐야 한다.

  출입금지된 칼바위봉 정상의 바로 아래 왼쪽으로 우회하는 안전 계단길을 통과하여 칼능선으로 계속 진행하면 칼봉 최정상보다 고도는 약간 낮으면서도 정상역할을 하는 암봉을 만난다. 전형적인 화강암 암봉이라 마음대로 올라 앉아 쉴 수 있다. 화강암 암봉이라도 역시 칼산은 칼산이라 미끄럼을 조심하면서 시원한 공기를 들이마신다. 여기서 내다보는 산경은 또 하나의 천하절경! 작은 천국!

  칼바위 뾰족봉에서 충분히 쉬고 남은 간식도 나누어먹고 내려오는데 정릉(청수장) 방향으로의 하산길은 최악중의 최악, 송곳 바위 숲의 절벽길이다. 앞으로 가다가 앞으로 미끄러질 것 같아서 손발로 바위 등걸을 잡으면서 뒷걸음질 치듯이 간신히 내려왔다. 그러고도 정릉 국립공원 탐방지원센터(청수장)까지는 2.7km 산길을 다시 걸었다.

    칼바위봉! 아름답고 미운새 아미새 당신! 다음에 또 올께!
    내 나이가 어때서라지만
    이 나이에 처녀와 교유(交遊)하다.
    처녀는 수줍어서 안으로 감추고 싶어 하지만
    타고난 미모는 감출수도 없는 법
    나는 왜 이리 예쁠까?
    사람들 접근 못하도록
    송곳 바위로 막고 칼비탈로 지켜야지,
    칼바위 처녀봉은 그래도 시를 아는 노신사에게는
    접근을 허용하였다.

정릉 탐방지원센터에서 180A 시내버스를 타고 정릉-하월곡동-종암동- 경동시장 경유하여 왕십리까지 와서 지하철 갈아 타고 귀가하였다.

산행수필(29)

도봉산 보문능선

　서울의 뒷산이 북한산이고 북한산의 뒷산이 도봉산이다. 우리 70대 실버산행팀은 도봉산도 자주 찾는다. 정년 퇴직하고 할 일 별로 없어서 등산 따라 다니기 시작하여 처음에는 북한산을 주로 다녔다. 도봉산은 북한산과 쌍벽을 이루는 서울 강북 산행의 명소인데 북한산을 몇 번 갔으니 이어서 도봉산도 오르는 것이 당연한 순서이다.

　이름은 많이 들어보고 지나다니면서 수백 번도 더 쳐다본 도봉산이지만 그것을 아마추어 산행 코스로 하였을 때는 어떻게 하는 것이 좋은가? 나를 매주 목요일 산에 다니는 목요산행 팀 일원으로 머리 올려준 사람은 민대장(閔隊長)이라고 중학교 동창생이다. 이 민대장은 참으로 유능하고 실력도 대단한 애산가(愛山家)이다. 그는 산을 잘 타기도 하지만 산에 대한 확고한 철학을 가지고 있는 등산철학자이다.

북한산 머리를 먼저 올려준 민대장은 이어서 나의 도봉산 머리도 올려준다. 민대장은 나와 동문수학도인 정장로 두 사람을 도봉산에 입문시킬 때 철학개론 첫시간 수업을 하듯이 하였다. 즉 도봉산 전체의 등산 코스의 아우트 라인(概要)을 전망할 수 있는 보문능선으로 안내한 것이다.

도봉산 산행은 보통 지하철 1호선 및 7호선 도봉산역에서 하차하여 도봉동에 있는 탐방지원센타 입구 만남의 광장에서 시작한다. 거기서 도봉산 최고봉인 자운봉쪽으로 직접 가려면 도봉 탐방지원센터에서 오른쪽으로 올라가 국립공원 청소년수련원과 광륜사(光輪寺) 사이의 탐방로로 올라야 된다.

그러나 보문능선을 가려면 광륜사쪽으로 가지 않고 입구에서 좌측으로 틀어서 계곡 위에 놓여 있는 다리를 건너 올라야 된다. 다리를 건너 도로를 따라 오르면 오른쪽으로 능원사(能圓寺)라는 큰 절이 나오고 거기서 좀 더 오르면 도봉사(道峰寺)라는 절도 나온다. 거기서 비교적 가파른 능선길을 따라 오르는 것이 보문능선이다. 이 보문능선 코스의 장점중의 하나는 오르면서 계속 오른쪽으로 도봉산 정상부의 명봉 일대를 감상할 수 있다는 것이다.

보문능선 초입의 가파른 구간을 지나면 초보자들도 쉽게 걸어갈 수 있는 완만한 구간이 계속되는데 이 등산로에서는 오르는 내내 오른쪽으로 도봉산 명봉들이 한 눈에 내다 보인다. 보문능선 쪽에서 바라보는 도봉산 정상(頂上)부의 명봉들은 하늘을 향하여 웅장하게 치솟아 있다. 도봉산 정상부에는 최고봉인 자운봉(紫雲峰)을 가운데 놓고 그 우측에 만장봉(萬丈峰), 선인봉(仙人峰)이 있으며 자운봉 쪽으로는 신선대(神仙臺)라는 약간 낮게 보이는 봉우리가 자리하고 있다.

이렇게 해서 도봉산 정상부의 봉군(峰群)이 한군데 모여 있지만 그 왼쪽으로는 다시 일군의 봉우리들이 있어 정상부의 봉군과 쌍벽을 이루고 있다. 정상부 왼쪽의 산봉군 중에서 가장 높이 보이는 두 봉우리가 칼바위봉과 병풍바위봉이다.

보문 능선길을 가다 보면 정상부의 세 명봉 자운봉, 선인봉, 만장봉이 다 보이고 거기서 이어서 좌측으로 칼바위봉과 병풍바위봉까지 한 눈에 들어 오니 도봉산 정상부의 웅장한 산세를 구경하기에 이보다 더 좋은 장소가 없어 보인다.

　도봉산의 명봉 중에서도 보문능선 쪽에서 정면으로 보이는 선인봉은 도봉산의 최고봉이 아니면서도 도봉산의 얼굴 노릇을 하는 산봉이다. 선인봉은 도봉산 정상부의 큰 봉우리들 중에서 맨 앞쪽에 놓여 있기 때문에 멀리서 도봉산을 볼 때 도봉산의 얼굴이 된다. 오늘 보문 능선에서 선인봉을 보니 그 자태가 선녀같이 수려하기도 하지만 선인봉 꼭대기에 은은히 드리운 연무(煙霧)를 보노라니 마치 신선들이 하늘에서 내려와 노니는 것 같다.

　선인봉 정상부로부터 도봉산 입구 방향으로 흘러내린 경사각 80~90°의 바위 절벽은 무어라 말로 형용할 수 없는 카리스마를 내 뿜으며 아래쪽으로 뻗어 있다. 신선궁 안주인의 흰색 파티복 드레스 한 자락이 펼쳐 지듯이 놓여 있다고나 할까? 신선집 가정부가 빨래를 마치고 비스듬히 세워 놓은 빨래판 같다고나 할까?

　이 보문 능선에서 좌우 사방으로 도봉산 산세의 진면목을 볼 수 있다. 조선시대 유학자 박세당(朴世堂)이 쓴 시 '망도봉작(望道峰作)'은 오늘 필자의 눈앞에 펼쳐 있는 도봉산의 모습을 그대로 말해 주는 듯하다.

望道峰作(망도봉작)

朴世堂 (1629~1703)

奇巧心偏怪化翁(기교심편괴화옹)
幾般搏弄妙難窮(기반단농묘난궁)
萬形掩翳黃塵下(만형엄예황진하)
一骨嵯峨碧落中(일골차아벽락중)
看月不妨人界黑(간월불방인계흑)
散花長得佛天紅(산화장득불천홍)
半崖宋老危巢倒(반애송로위소도)
數片雲隨鶴背風(수편운수학배풍)

조화옹의 기교가 놀랄만하도다.
손놀림 하나하나가 신묘막측하구나

만가지 형상은 지상에 깔려 있고

바위 봉우리들은 하나같이 창공을 찌르네

달을 보매 세상의 어둠은 눈에 들어오지 않고

꽃잎이 휘날리니 내내 하늘은 붉도다.

벼랑 중턱 노송에 걸린 높다란 둥지

하얀 뭉게구름은 백학의 날개 위를 떠도네.

산행수필(30)

우이암과 무수골

보문능선을 다 오르면 도봉 주능선을 만나게 되는데 보문능선과 주능선이 만나는 지점에서 남쪽으로 조금만 내려 오면 우이암(牛耳岩) 이라는 기암을 만나게 된다. 우이암은 묘하게 생긴 바위이기는 하지만 소의 귀와 같이 생기진 않았는데 어떻게 해서 '牛耳岩'이라는 이름이 붙었는지는 알 수가 없다.

우이암은 사람 머리 모양의 기암이 산 쪽을 향하여 약간 수그리고 있는 모습을 하고 있는데 관음보살이 부처님을 향해 기도하는 형상을 하고 있다고 하며 '관음봉' 또는 '사모봉'이라고 불리기도 한다. 우이암은 그 이름이 특이해서 그런지 이 근처의 지명이 모두 '우이'자가 들어간다. 우이동(牛耳

洞), 우이령(牛耳嶺) 등이 그것이다. 그 우이암은 안전 자일 없이도 올라갈 수 있는 기단부 위에 메주 빚어 놓은 모양의 육면체 바위가 얹혀 있는 형상인데 육면체 바위 절벽에 몇몇의 남녀 산꾼들이 자일을 걸고 기어 오르고 있는 모습이 보였다.

　북한산 도봉산 산신령 민대장의 안내에 따라 보문능선 끝부분에 있는 너럭바위 위에서 휴식도 취하고 점심 식사도 하였다. 이 너럭바위는 내가 그냥 임시로 붙인 이름인데 그 바위 자체가 짧은 줄로 누가 끌어 주지 않으면 오르기 어려운 곳에 위치해 있다. 그 바위를 기어 올라 사방을 둘러 보니 이 바위가 보통 바위가 아니었다. 이 바위 위에서 북쪽 방향으로 보면 왼쪽으로부터 순서대로 선인봉, 자운봉, 만장봉이 다 보이고 거기서 약간 더 왼쪽으로 병풍바위와 칼바위봉이 한 눈에 보이는가 하면 거기서 더 왼쪽 멀리로는 우이령 북쪽의 오봉(五峰)이 나란히 다 보인다.

　다시 도봉산 정상부 방향의 반대쪽으로는 바로 눈앞에 우이암이 놓여 있고 우이암 아래쪽으로는 우이동 수유리로 해서 서울 북동부 일대가 일망무제로 탁 트여 펼쳐진다. 그렇게 크지도 않고 그 모양과 구조가 특별하달 것도 없는 이 바위지만 이 바위는 북한산 일대의 산경(山景)과 서울 동쪽의 원경과 시내 일원 및 근처의 타산을 다 내다볼 수 있는 독특한 위치값을 가지고 있다. 도봉산 정상부 쪽에서 시선을 파노라마처럼 시계방향으로 돌리면 수락산, 불암산, 도봉구, 노원구가 다 보이고 그러다가 남쪽의 우이암 지나 다시 북쪽으로 시선을 돌리면 도봉산 정상부 쪽에서 끝나게 된다. 시야각 360°.

  그 전망 좋은 바위에서 점심 식사를 하고 그 바위 아래쪽으로 경사도가 심한 등산로를 따라 하산 코스로 들어섰다. 너럭바위 아래의 벼랑길을 내려오다 보면 원통사(圓通寺) 절이 나온다. 이 절은 우이암 바로 밑의 절벽에 지어져 있는 절인데 건물의 낡은 정도로 보아 상당히 오래된 절 임을 알 수 있다. 원통사의 위치를 보고 나는 생각했다. 원통사 주지 스님은 아주 청빈(淸貧)한 스님에 틀림 없다. 돈 많은 불자가 자가용 승용차를 타고 찾아올 수 있어야 불사에 시주가 많을 텐데 원통사는 원천적으로 자가용족 불자를 받을 수가 없다. 시가지로부터 수킬로미터 떨어진 험준한 계곡 안쪽의 절벽 낭떠러지에 앉아 있으니 여기는 헬기로도 승용차로도 접근할 수가 없다. 오직 불심과 건강한 다리를 가지고 오르고 또 오르는 자만이 비로소 부처님을 만날 수 있는 참 도량이 이곳인 것이다.

원통사에서 물 한 모금 마시고 하산을 계속했는데 원통사에서 연결된 계곡의 이름이 무수골이란다. 한자로 어떻게 쓰는지는 모르겠는데 만일 없을 무(無)자, 물수(水)자를 쓰는 무수골이라면 그 계곡에 물이 없어야 되는데 오늘은 장마끝이라 그런지 시냇물이 시원하게 흐르고 있다. 무수골 계곡은 울퉁불퉁 구불구불 아기자기하게 계속된다. 무수골 계곡 길을 한 2~3km쯤 걸어 내려오면 도봉산 둘레길이 나온다. 지하철역으로는 도봉산역에서 한 역 못 미친 도봉역 지점이다. 오늘도 오전 10시에 시작해서 오전 3시간, 오후 3시간 정도 걸었으니 모두 6시간 정도의 산행을 한 셈이다. 70노병이 6시간 정도 걸으려니 다리도 아프지만 도봉산 명봉, 명찰, 아름다운 계곡을 한눈에 담고 돌아가려니 마음이 뿌듯하고 기분은 유쾌하다.

산행수필(31)

도봉산 다락능선

  도봉산의 최고봉은 자운봉(紫雲峰 740m)이다.

  자운봉을 공략할 수 있는 접근로는 여러 갈래가 있다. 그러나 가장 짧잖게 자운봉에 다다르는 길은 다락능선 길을 거치는 것이다. 다락능선 길은 도봉동에서 자운봉을 직선 공략하는 것이 아니라 자운봉 뒷쪽 주능선으로 먼저 올라갔다가 시계 바늘의 반대 방향으로 감아 내려오면서 우회 공략하는 코스이다. 도봉산 산행을 시작하였으니 어쨌든 도봉산 최고봉을 만나보아야 하지 않겠는가?

  목요일 아침 10시에 몇몇 산행 친구들이 도봉동 북한산국립공원 도봉탐방지원센터 입구에서 만났다. 거기서 오른쪽으로 올라가 국립공원 청소년 수련원과 광륜사(光輪寺) 사이에 다락능선 표지판이 가리키는 방향으로 진행한다. 거기서 진행하니 조그마한 고개 마루가 나왔다. 그 고개 마루에 자운봉, 포대(砲臺) 정상 방향의 화살표가 그려져 있는 이정표가 나왔다. 여기서부터는 완만한 바위 등산로로 진행되었다. 가다가 같은 방향으로 자운봉 2.7km, 은석암(庵) 0.5km 방향 표지판이 나오는데 사실은 이 지점이 우리가 지금 올라온 길과 다락능선이 만나는 곳이다.

모든 길은 로마로 통한다는 말이 있는데, 도봉산의 웬만한 등산로는 거의 다 다락능선과 연결된다고 할 수 있다. 다락능선은 도봉산역과 원도봉 입구 사이에 있는 다락원(樓院)이라는 마을에서 시작하여 포대 정상까지 이르는 능선길을 말한다. 다락능선은 다락같이 높은 능선이라 하여 다락능선이라 하는 것은 아니고 도봉산 밑에 있는 다락원이라는 마을 이름에서 유래된 것이다. 다락원은 조선시대 함경도 원산, 강원도 철원, 경기도 포천 등 방면에 파견되는 공무 여행자나 상인들에게 숙식을 제공하던 공공여관 기능의 기관이 있던 곳이다. 조선 중북부 지방에서 한양으로 들어서는 관문인 이곳에 누원점(樓院店)이라는 상점이 생기게 되면서 다락원이라고 불리게 되었다고 한다.

  광륜사 길과 다락능선이 만나는 지점에서부터는 울퉁불퉁 우락부락한 바위 등산로이다. 한참 낑낑거리면서 오르다 보면 앞쪽에서 인기척이 나고 목탁 소리가 은은히 들리기 시작한다. 은석암(恩石庵)이다. 목탁 소리는 이미 들리기 시작하였지만 은석암에 다다르려면 계속 가파른 등산로를 기어 올라야 된다. 은석암 암자 뒤에는 은석암(恩石岩)이라는 커다란 바위 봉우리가 있는데 그 바위 봉우리 밑에 제비집같이 암자(庵子)가 지어져 있는 것이다.

  은석암 암자 뒤로 오르는 길은 밧줄 잡고 오르지 않으면 안 되는 가파른 절벽 등산로이다. 이 절벽 등산로 입구에 '위험 구간이므로' 좌우에 우회 등산로가 있다는 표시가 되어 있다. 전에 같으면 우회 등산로를 이용하였을 것이다. 그러나 오늘은 바윗길에 도전해 보고 싶은 의욕이 생긴다. 그래서 몇 개의 바위 비탈 위험 구간을 직진으로 주파하였다. 어제 밤에 왠지 잠도 안 오고 그래서 두 시간 밖에 못 잤고 그렇기 때문에 열심히 각오하고 덤벼서 그런지 그 바위 비탈들을 너끈히 주파하였다.

그렇게 바위 비탈길 두세 개를 주파하고 나니 안부처럼 숲속에서 하늘이 보이기 시작한다. 그쪽 방향으로 가면서부터는 망월사(望月寺)가 보이기 시작한다. 그 능선길로 올라 마지막 계단 부분을 올라 서면 망월사가 정면으로 보이고 그 망월사를 볼 수 있는 전망 바위가 있다. 바위 바닥에 인공으로 파 놓은 듯한 구멍이 있다. 이제 다락 능선은 다 올라왔다고 보아야 하나? 천만의 말씀이다. 다락능선의 종착점인 포대 정상까지는 아직도 1/3거리가 남아 있다. 그러나 망월사 보이는 지점에 이르니 일단 한 고비는 넘겼다는 생각이 든다. 시작이 반이라는데 전체적으로는 반쯤 한 셈이니 나머지 반은 어떻게든 끝낼 수 있을 것이다.

자만해서는 절대로 안되지만 자신감을 가질 필요가 있다고 본다. 나이 먹었다고 기죽지 말자. 영시(英詩) 한 구절이 생각났다.

All That Is Gold Does Not Glitter(금이라 해서 다 반짝이는 것은 아니다)

J.R.R. Tolkien(1892~1973)

All that is gold does not glitter,
Not all those who wander are lost
The old that is strong does not wither,
Deep roots are not reached by frost.
From the ashes a fire shall be woken,
A light from the shadows shall spring,
Renewed shall be blade that was broken,
The crownless again shall be king.

금이라 해서 다 반짝이는 것은 아니다.
헤매는 자라고 해서 다 길을 잃는 것은 아니다.
오래된 것이라도 강한 것은 시들지 않고
깊은 뿌리에는 서리도 들어가지 못한다.
타버린 재에서도 새로운 불길이 일어날 수 있고,
어두운 그림자에서도 빛이 비칠 수 있다.
부러진 칼날도 다시 붙여질 수 있고
실각한 왕이라도 다시 왕관을 회복할 수 있으리.

산행수필(32)

도봉산 포대 능선

　망월사가 보이기 시작하는 바위에서 왼쪽 낭떨어지에 설치되어 있는 잔도(棧道)를 조금 올라가면 망월사를 정면으로 내다 볼 수 있는 전망 데크가 나온다. 그 전망 데크에서 망월사를 배경으로 포즈를 취하고 사진을 찍었다. 은석암(岩) 지점까지 오면 포대 정상까지 등로의 2/3는 온 셈이다. 이 은석암 지점에서 포대 정상은 까마득히 높이 보이는데 포대 정상임을 얼른 알아보는 것은 거기에 이동전화 중계탑이 설치되어 있기 때문이다.
　은석암 조금 지나 포대 정상 방향으로 오르다 보면 만월암(滿月庵)으로 내려 가는 분기점이 있고 거기서 더 오르면 토끼굴이라고도 불리는 천연 돌문이 나온다. 거기를 지나가는 재미도 꽤나 괜찮다. 그렇게 해서 계속 오르면 마침내 포대 정상 바로 밑에 절벽 등로 입구에 이르게 된다.

여기서 직진하여 포대 정상을 향한다. 이 구간은 수직의 절벽을 철봉 다리에 매달려 오르는 코스이다. 즉 수직의 바위 절벽을 철봉 사다리와 대롱대롱 매달아 놓은 동아줄을 잡고 다리의 힘보다는 팔의 힘으로 수직의 절벽을 기어 오른다. 그리하여 마침내 포대 정상까지 올랐다.

포대 정상은 도봉산 포대 능선이 시작되는 곳인데 포대 능선은 포대 정상에서 북쪽 사패산 방향으로 길게 구불구불나 있는 도봉 주능선의 북쪽 구간이다. 포대 능선이란 오래 전에 이 능선 중간에 대공포 진지가 있던 곳이어서 그렇게 불린다. 지금도 포대 정상에는 콘크리트 기관총 진지(벙커)가 설치되어 있다. 6.25를 경험한 우리 세대는 포대 능선 위에 서서 의정부 쪽만 바라보아도 65년 전인 6.25 당시의 포연(砲煙)을 연상하게 된다.

평화가 계속된 지 오래고 지금은 푸른 숲으로 덮인 아름다운 능선이지만 6.25 당시 이 일대는 치열한 전쟁터였다. 지금도 이 아름다운 떡갈나무 숲 속의 어딘가에는 미처 수

거되지 못한 전쟁의 흔적들이 낙엽과 나무뿌리가 뒤엉킨 흙 속에서 썩어 가고 있을지도 모른다. 6.25 전흔의 애수를 노래한 가곡 '비목(碑木)'의 한 귀절이 생각났다. (비목의 배경이 된 장소는 이곳이 아니지만)

비 목

한용희 작사
장일남 작곡

초연이 쓸고 간 깊은 계곡
깊은 계곡 양지 녘에
비바람 긴 세월로 이름 모를
이름 모를 비목이여
먼 고향 초동 친구 두고 온 하늘가
그리워 마디마디 이끼 되어 맺혔네

산행수필(33)

도봉산 Y계곡

원래 도봉산의 산형을 개념적으로 표현하면 스핑크스형 산형이라고 할 수 있다. 즉 선인봉, 만장봉, 자운봉, 신선대 등이 스핑크스의 머리 부분에 해당되고 거기서 포대 정상까지가 스핑크스의 등 부분에 해당된다. 필자 개인적으로는 도봉산역 쪽에서 올려다 본 도봉산의 스카이라인을 제곱근 표(root)를 뒤집어 놓은 모양이라고 표현하는데 일단 남쪽의 높은 산군(선인, 만장, 자운)에서 북쪽능선의 수평 방향으로 급속히 낮아진 채 길게 이어지다가 포대 정상에서 수평의 스카이 라인이 끝나는 것이다.

그런데 이러한 수평의 스카이라인도 스카이라인이 끝나는 포대 정상 가까이 와가지고는 수평선 자체가 끊어져서 엄청난 틈새가 벌어졌다가 다시 포대정상으로 이어지는 것이다. 이 수평의 스카이라인이 뚝 끊어졌다가 다시 이어지는 부분이 Y계곡이다. Y계곡은 V 계곡이라고 해도 될 것을 왜 Y계곡이라고 하였는가? Y계곡은 그만큼 저부(低部)가 낮다.

포대 정상에서 북쪽 사패산 방향의 포대 능선을 바라보며 "초연이 쓸고간 깊은계곡…"의 상념에 잠겨 있던 우리 등산팀은 방향을 완전히 반대쪽으로 틀어 Y계곡 쪽으로 진행하였다. Y계곡은 도봉산 등산 코스중에서 가장 힘든 구간이다. 평균 경사도 70~80°나 되는 바위 비탈을 내려 갔다가 다시 반대편 비탈로 기어 올라가야 된다.

포대봉 Y계곡 입구에서 Y계곡을 건너다 본다. 내가 저기를 건너갈 수 있을까? 겁이 덜컥 난다. 그러나 가야 한다. Y계곡은 도봉산 등산코스의 이벤트 구간이다. 도봉산 등산의 냄새라도 맡아보았다는 소리를 들으려면 Y계곡은 필히 통과해야 한다. 만일 안전 난간이 없다면 나 같은 등산 실력으로는 결코 도전할 수 없을 것이다. 그러나 바위 비탈에 쇠말뚝들을 튼튼하게 박아 놓고 쇠말뚝 사이를 철사 동아줄로 이어 놓은 안전 시설들이 있었기 때문에 설마 하는 마음으로 출발해 본다.

여기서 오르고 내리는 길은 철봉을 양손으로 잡고 오르고 내리는 것과는 달리 안전 난간을 한쪽으로 잡고 게걸음 하듯이 진행해야 한다. 체중은 중력 방향으로 완전히 쏠려 있기 때문에 두 손으로 안전 난간을 꽉 잡고 발끝의 착지점을 순간순간 잘 선택하면서 한걸음 한 걸음 내려가야 된다. 안전 난간을 잡을 수도 없는 구간에서는 나무 뿌렁지나 바위 틈새에 난 홀드를 잡고 몸을 바위 비탈에 붙이고 다리를 뒤로 뻗어 착지점에 놓으면서 내려가야 된다. 이럴 때에는 확실히 롱 다리가 도움이 된다.

이렇게 해서 다 내려간 다음 최저점에 이르러서 다시 비탈을 올라가야 된다. 이때는 내려올 때와는 역순이다. 안전 난간의 쇠말뚝이나 철사 동아줄 같은 견고한 지지물을 손으로 꽉 잡은 채 무릎 위 높이 부분쯤에 있는 적당한 착지점에 발끝을 대고 하나 둘 셋! 구호를 외치면서 몸을 윗쪽으로 끌어 올려야 한다. 오름이 높아짐에 따라 숨은 차오르고 하체가 화끈 화끈 하면서 온몸이 얼얼하다. 이렇게 씨근거리면서 기어올라 마침내 하체로부터 차 오르는 얼얼함에 머리가 싸-해질 때쯤 드디어 남쪽 비탈의 끝부분 바위 언덕에 도착하였다.

거기는 건너편 포대 정상에 대응할 만한 또 하나의 아름다운 바위 봉우리이다. 봉우리에 오르니 앞으로는 자운봉 신선대가 보이고 왼쪽은 도봉구 일대가 다 내려다 보이며 오른쪽으로는 송추계곡과 경기도 고양시 일대가 다 내려다 보인다. 이 지점에서의 동서남북 조망의 아름다움과 굉장함은 왜 70대의 우리가 노구를 이끌고 이곳까지 왔나의 이유를 말해 주는 듯하다.

임어당(林語堂)은 그의 유명한 저서 『생활의 발견』(이재현 역, 삼중당 1987. 314쪽)에서 중국 명나라 말기의 문학가 진계유(陳繼儒)의 다음과 같은 문구를 인용한 일이 있다.

> …우수한 여행가는 등산을 할 때 험로에 개의하지 않고, 설경(雪景)을 감상하고자 하는 사람은 후교(朽橋=썩은 다리)에 개의하지 않고, 전원생활을 원하는 사람은 야인(野人)에 개의하지 않으며, 꽃을 관상하는 사람은 탁주(濁酒)에

개의하지 않는다….

   필자는 우수한 여행가는 아니지만 어쨌든 여행 중 험로를 만났을 때 마냥 피하려고만 할 것도 아니며 겨울 산행을 할 때도 좋은 길로만 다니려고 할 일은 아니라고 생각한다. 70대 노장들이여, 인생의 험로에도 과감하게 도전하고 인생 행로의 돌짝 밭에도 눈물을 삼키며 묵묵히 걸어갑시다. 험로의 피안에는 반드시 아름다운 동산이 우리를 기다리고 있을 테니…

산행수필(34)

자운봉과 신선대

Y 계곡 등로의 남쪽 끝 부분에는 높은 바위 봉우리가 있다. 그 봉우리는 내다 보이는 전망도 좋지만 그 자체가 아름다운 암봉이다. 그 암봉의 바위 틈새에 자라고 있는 키 작은 소나무와 떡갈나무 가지가 때마침 불어 오는 미풍에 살랑살랑 흔들리고 있었다. 거기에는 사진 찍는 사람들도 많고 스케치북을 펼쳐 놓고 그림을 그리고 있는 사람들도 몇 명 있었다.

거기서 다리를 좀 쉬다가 오늘의 최종 목적지인 자운봉을 향하였다. Y계곡 쪽에서 도봉산 주능선을 남쪽으로 걸어 내려가면 된다. 멀리서 보았을 때는 수평선의 스카이라인으로 보이던 도봉산 주능선도 실제 주파하려면 오르고 내림 꼬불

꼬불이 많다. 숲속 능선길을 숨바꼭질 하듯이 걷다 보면 멀리 뵈던 선인봉 만장봉이 점점 가까이 보이기 시작한다.

마침내 자운봉 턱밑에 이르렀다. 나는 여기까지 오면서 그대로 산행을 계속하면 마침내 자운봉 정상에 발을 디딜 수 있는 줄 알았다. 그러나 자운봉 자체의 정점(740m)은 그렇게 호락호락하게 속세의 때 묻은 발바닥을 허용하지 않았다. 자운봉 정상부는 그 자체가 경중미인(鏡中美人)이다. 다만 쳐다볼 수만 있지 올라갈 수는 없다. 자운봉은 낙석 위험 때문인지, 코스가 가파른 탓에 클라이밍 자체가 불가능해서 그런지 어쨌든 입산 금지가 되어 있다.

자운봉 바로 밑에서 정상 쪽의 등산로는 폐쇄되어 있다. 그 대신 그 지존의 자운봉을 면대하기 위해서는 자운봉을 50~60m 거리에서 감상할 수 있는 신선대(神仙臺)로 올라야 된다. 신선대는 자운봉 정상과 거의 같은 높이의 암봉인데 자운봉처럼 위태로운 산봉이 아니라 안정적으로 단단한 돌산이다.

신선대의 오름은 자운봉과 신선대 사이의 협로에서 시작된다. 그 협로의 고개 마루에서 신선대 비탈로 올랐다. 안전 난간이 설치되어 있고 미끄러운 바위비탈에 홈을 파놓아서 올라갈 수 있게는 되어 있으나 그 등로도 거저 먹기는 아니다. 워낙 비탈이 가파라서 안전 난간을 두 손으로 꽉 잡고 게걸음 하듯이 옆으로 한 발 한 발 몸을 끌어 올려 겨우 신선대 정상에 오를 수 있었다.

신선대 정상은 자운봉 정상을 보는 전망대(view point)인데 이 전망대는 인공으로 설치해 놓은 전망대가 아니라 자연 전망대이다. 하나님이 만든 전망대. 신선대 정상에서 자운봉 정상을 알현하려면 신선대 정상 바로 밑에서 한참을 기다려야 한다. 신선대 정상 자운봉 전망 포인트는 등산객들이 사진 찍는 곳이다. 자운봉을 배경으로 하고 나름대로의 포즈를 잡아가며 사진 찍기 바쁘다.

아줌마 등산객들이 사진을 다 찍기를 기다려 신선대 정상에 올라서 자운봉을 바라본다. 자운봉 정상은 기묘한 중후감(重厚感)이 느껴지는 석봉이다. 하나짜리 석봉이 아니다. 두부모 같이 넓적넓적한 암체들의 모자이크가 하나의 커다란 돔(dome) 지붕형 산봉을 이루고 있다. 전체 모양이 옛날 장수들의 투구 같기도 하고 현대 병사들의 철모 같기도 하고 칼빈 소총알의 탄두 같기도 하다.

자색 구름이 그 위를 떠돈다는 자운봉이지만 내가 갔을 때는 구름 한 점 없이 하늘이 맑고, 밝은 햇빛에 바위가 반짝인다. 그래서 오늘의 자운봉은 담백한 모습이다. 어느 정도 둔중(鈍重)한 이미지다. 나라와 개인과 기업을 지탱해 나가는 힘은 저런 것이 아닐까? 당장에 머리 위에서 천둥과 번개가 친대도 끄덕 없을 뚝심이다.

그러나 자운봉이 사철 지금과 똑같은 모습은 아닐 것이다. 이름이 자운봉이기 때문이다. 자색 구름이 와서 놀자 하면 같이 놀아주고 검은 구름이 와서 비를 뿌려주면 그냥 맞아주고, 강한 바람에는 윙윙 울어주고, 살랑거리는 미풍과는 다정하게 소근거린다…. 풍성한 이미지 풀(pool)을 갖춘 자운봉에 시선을 맞추고 있다가 눈을 돌려 일대의 경관을 조망한다. 도봉산 정상부와 일대는 빼어난 경관을 자랑한다. 창조주 하나님의 놀라운 솜씨! 경탄이 마음속에서 우러나온다.

"주 하나님 지으신 모든 세계, 내 마음 속에 그리어 볼 때, 하늘의 별울려 퍼지는 뇌성 주님의 권능 우주에 찼네…" 찬송가를 속으로 읊조리며 하산 길을 서둘렀다. 이 찬송가 2절의 영어 가사는 다음과 같다.

> When through the woods and forest glades I wander
> And hear the birds sing sweetly in the trees;
> When I look down from loftly mountain grandeur
> And hear the brook and feel the gentle breeze;

신선대에서 하산길은 신선대밑 협로에서 남쪽으로 조금 내려 오다가 전에도 한 번 지나가 본 일이 있는 관음사를 거쳤다. 거기서 다시 마당바위를 지나고 다음에 천축사 옆길로 해서 도봉서원, 광륜사길 거쳐 등산 출발지점으로 되돌아와 귀가하였다.

산행수필(35)

호명산1

 2015년 5월 28일, 경춘선 청평역 남쪽 광장 앞 도로 건너 밭 가운데 길 지나서 자전거 도로를 따라가다가 조종천(북한강 지류) 위에 세워진 다리를 건너는 지점에서 호명산 등산을 시작하였다. 등산은 시작부터 가파른 계단길이다. 오늘은 날씨가 청명, 낮 최고 기온 영상 28° 예상이란다. 이렇게 더운 날씨에 70세가 모두 넘은 고령자 산객들에게 오늘 호명산 등반은 초입부터가 고행길이다.
 다리에 힘이 가고 또 바로 이어서 온몸에 힘이 간다. 순간 눈앞이 캄캄하고 몸이 휘청한다. 두 팔은 스틱을 단단히 잡고 한 발 한 발 동그란 통나무들을 흙 비탈에 박아 만든 계단 길을 오른다. 몇일 가물었는지 흙먼지가 푸석푸석 날린다.

그렇게 조금 오르니 군청에서 만들어 놓은 능선 쉼터(체육시설)가 나왔다. 거기에는 벤치도 있고 콘크리트로 만들어 놓은 거북 조형물이 있는데 거북이 주둥이가 약수가 흘러나오는 약수터다. 약수물에 대한 수질 정보가 없어 많이 마시지는 못하고 목에 옥 물어 뱉고 손을 씻었다.

그다음 구간은 경사도 70° 쯤 되는 능선 비탈길이다. 계단도 없는 암반 흙길인데 가파르기 때문에 어렵기가 한량없다. 호명산은 숲이 깊은 산이라 햇볕이 직접 쬐어지지는 않는데 바람이 한 점 없고 날씨는 덥다. 비 오듯 하는 땀을 건히게 하려 쉬다 걷고 쉬다 걷고 하다 보니 거의 한 시간 걸려 해발 300m되는 전망 데크에 다다랐다. 그 전망 데크에서는 서남쪽으로 청평호와 청평댐이 환히 내다 보인다.

내가 젊은 시절에 청평댐과 청평호를 좋아해서 몇 번 가 본 적이 있다. 댐 위로 자동차를 달려서 뒤에 요트장 있는 데까지 가 보았다. 요트장 건너편에는 그림 같은 러브 모텔들이 몇 동 보이기도 하였다. 그러나 그때는 청평호와 청평댐의 진면목이 보이지를 않았다.

소동파(蘇東坡)가 여산(廬山)을 여행하면서 "여산의 참

모습을 알지 못하는 것은 이 몸이 그 산속에 있기 때문이다."(不識廬山眞面目 只緣身在此山中) 라고 읊은 일이 있듯이 내가 청평호의 진면목을 볼 수 없었던 것은 내가 그 호수가에 있었기 때문이리라. 오늘 호명산 전망 데크에서 내려다 보니 청평호와 청평댐이 한 눈에 다 보인다. 참 절묘한 전망터다.

전망 데크에서 한 10여분 쉬니 아팠던 다리가 좀 풀렸다. 전망 데크 부근에 세워진 이정표에 따르면 여기서 호명산 정상까지 1.2km의 등정이 시작된다. 여기서 호명산 정상까지 다시 오르는 구간은 전망 데크까지 올라온 길에 못지 않게 비탈지고 험하다.

호명산 숲의 특징은 숲밀도(?)가 엄청나게 높은 산이라는 점이다. 호명산은 산등성이들의 높이는 높고 골짜기는 한없이 깊으며 사방은 호수와 하천으로 둘러싸여 있어 주변 환경과 단절되는 묘한 입지를 가지고 있다. 즉 산 남쪽 아래로 청평호반을 끼고 있고 서쪽으로는 조종천이 흐르고 있다. 어쩌면 산록이 물에 떠 있는 형국이고 지역의 강수량도 매우 높다. 그래서 그런지 골짜기 골짜기마다 나무숲이 꽉꽉 들어찼다.

 산록을 꽉꽉 채우고 있는 잡목은 참나무, 느티나무, 느릅나무, 떡갈나무, 물푸레나무…등 거의 전부가 활엽수인데 어느 것들은 굵고 키가 크고 어느 것들은 대숲처럼 가늘게 밀집되어 있어서 잘 정리된 등산로 이외에는 사람의 발길조차 허용하지 않고 있다. 이래서 이곳의 숲이 깊은 탓에 옛날에는 호랑이가 많이 살았다고 한다. 그래서 붙여진 이름이 호명산(虎鳴山).

 전망 데크에서 시작하여 가파른 비탈길을 넘어지지 않기 위하여 발끝에 신경을 쓰며 한걸음 한걸음 씩 발걸음을 옮겼다. 그렇게 하면서 걷다가 어느 순간 앞서거니 뒤서거니 하는 동료 두 사람의 모습을 얼핏 보니 그 두 사람의 걷는 자세가 평소에 보던 그 두 사람의 옆 모습과 다르다. 그 사람들도 나와 똑 같이 발목에 온 힘을 집중하고 안간힘을 다해 걷고 있는 것이다. 그 모습이 엄청나게 진지하였으며 아무 사심 없이 성자(聖者)가 신에게 기도하는 그 모습과 똑같았다.

 마치 예루살렘 성지를 향하여 나무 지팡이를 짚고 앞으로 한 발 한 발 걸어 나가는 순례자들 같은 모습이었다. 등산은 인생에 비유할 수 있다. 우리가 지금 오르는 호명산은 험한 이 세상이고 거기를 힘겹게 오르고 있는 우리의 발걸음은 우리의 기도다. 우리는 이미 나이가 너무 많고 다리 힘도 약하여 이 가파른 비탈길을 오르기에는 너무 힘겹다. 그러나 어쩌랴 힘이 남아 있는 한 무엇에 든지 최선을 다해 보아야 하지 않겠는가?

산행수필(36)

호명산2

　전망 데크에서 호명산 정상까지 등산 안내도에 보니까 40분 거리라고 되어 있는데 우리 실버 산객들은 그 두 배인 약 80분에 걸쳐 그 비탈을 오르니 마침내 호명산 정상이 나왔다. 호명산 정상에는 호명산 632.3m라고 쓴 정상석과 함께 헬리포트가 설치되어 있었다. 헬리포트 옆 그늘에 점심 먹을 곳을 찾아 가져온 도시락으로 점심 식사를 하였다.
　호명산 정상에서 호명 호수까지는 총 3.64km 정도 된다. 호명산은 이름도 호명산이지만 그 지형도 호랑이 모양을 하고 있다. 즉 커다란 호랑이 한 마리가 그 머리 부분인 호명 호수에서 앞발을 구부린 채 엎드려 있고 길게 늘어진 호랑이의 등뼈가 산 정상에 이어져 있는 모양새다. 호명산 정상에서 호명호수쪽으로 가는 등산로는 호랑이 등뼈같이 긴 능선이다.

이 능선길 초반은 완만한 비탈길이다. 길바닥도 울퉁불퉁하지 않고 비교적 부드럽다. 그러다가 한 2km 간 지점에서는 가파른 계단길(棧道) 구간이 나오고 거기를 기어오르면 아갈바위 봉이라는 기차봉 정상(618m; 일명 기차봉 전망대)이 나온다.

기차봉 전망대를 조금 지나면서부터는 밧줄 잡고 내려가다가 다시 가파르게 치고 올라가야 되는 롤러코스터 난(難) 구간이 시작된다. 별 모양도 없이 제멋대로 솟아 있는 소봉들을 기를 쓰고 기어올랐다가 제멋대로 널부러진 바위 비탈을 더듬더듬 내려가야 된다. 누가 호명산 코스를 초급코스라고 하였던가? 이 구간 대부분의 울퉁불퉁 뾰죽 뾰죽한 송곳바위 돌짝 길이다. 여기서 한번 고꾸라지면 이마가 깨지거나 갈비뼈가 나가게 되어 있다.

조선 중후기의 문신 송곡(松谷) 이서우(李瑞雨 1633~1709)가 지은 한시 "열두고개 노래(十二峙謠)"의 구절들을 생각나게 한다.

한 고개는 높고 한 고개는 낮고 (一嶺高一嶺低)

한 고개는 짧고 한 고개는 길고 (一嶺短一嶺長)

한 고개는 굽고 한 고개는 곧고 (一嶺曲一嶺直)

여섯 고개 끝나면 여섯 고개 또 나오고 (六嶺度了又六嶺)

세상의 길과 길은 언제나 평탄할 때 없더라 (世間道途無時平)

그 구간을 지나면 장자터 고개라는 아래로 잘숙한 고개마루가 나오는데 거기서 계속 전진하는 길은 다시 가파른 비탈길이다. 호명호수가 보이는 지점까지 오르기 위하여 마지막으로 안간힘을 다했다.

마침내 호명호수가 내다보이는 전망 데크에 다다랐다. 호명호수는 해발 535m의 위치에 있는 산정호수로서 둘레가 2.5km가 넘는 아름다운 호수이다. 그러나 이 호수는 경관을 위하여 만들어 놓은 호수가 아니라 양수 발전을 위하여 만들어 놓은 인공호수이다.

즉 청평호에 있는 물을 산 위로 끌어 올려 여기서 다시 700m의 수로로 내려 쏟게 함으로써 전력을 만드는 것이다. 왜 그러면 낮은 곳에 있는 물을 그 높은 곳까지 끌어 올렸다가 다시 내려오게 하는가? 이 양수 발전이란 원래 전력 소모가 적은 심야 시간에 남는 전기를 이용하여 낮은 곳의 물을 위로 끌어 올렸다가 전력 소모가 가장 많은 시간대나 전력 수급 비상시에 발전을 하여 공급하기 위한 것이라고 한다.

　호명호수는 경치도 아름답지만 전력의 비축 공급의 과학적 원리까지도 숨어 있는 매우 유익하고도 중요한 시설이다.

　호명 호수 주변에는 산책로도 조성되어 있고 호수를 둘러친 철책 가 풀밭에는 나무 그늘 밑에 벤치도 놓여있다. 그 벤치에서 친구가 준비해 온 거봉 포도와 오렌지로 목을 축이며 쉬다가 하산 코스를 향하여 출발하였다.

산행수필(37)

호명산3

　호명호수에서는 상천역까지 마을버스가 다닌다. 이 마을버스는 1시간마다 한대씩 운행하는데 걸어서 올라오기 어려운 사람들이나 등산을 왔다가 걸어 내려가기 싫은 사람들은 이용할 수가 있다.
　우리는 오늘 걸어서 내려가는 도보 하산 코스를 선택했다. 도보 하산 코스는 시멘트로 포장된 버스길이 아니라 미로정원 조각공원 표지판이 가리키는 방향으로 내려간다. 거기도 초입은 시멘트 포장 도로인데 거기서 양수발전 시설 가는 고갯길 지점에서 시멘트 도로를 버리고 숲속으로 난 임도(林道) 길을 선택해서 걸어 내려 가야 된다.
　옛날 벌목 장비가 지나다닐 수 있게 닦아 놓았던 임도 길 구간을 지나 가파르게 골짜기 아래로 내려가다 보면 짙은 풀숲이 우거진 깊은 골짜기가 나온다. 여기는 우기는 물론이요 요즘 같은 건기에도 일대가 습기로 싸여 길가 산 언덕에 흙이 하나도 보이지 않을 만큼 짙은 풀숲으로 덮여 있는 곳이다.

이렇게 초생(草生)이 왕성한 지역이니 등산로 주변 길가에 곰취나물 등 나물류가 많이 자라는 모양이다. 지난번 왔을 때도 그랬는데 이번에도 등산복 차림의 아줌마들이 약초 나물을 캐느라고 여념이 없다.

그 구간을 지나 한참 내려가면 조그만 바위계곡을 만난다. 계곡에는 몇일 가물었는지 수량은 많지 않았는데 적은 양이지만 맑은 시냇물이 바위틈에 졸졸 흐르고 있었다. 거기서 시원한 계곡물에 손도 씻고 수건도 빨고 얼굴도 씻었다.

오늘 호명산 등산길은 강한 햇볕과 28°의 날씨 때문인지 물이 많이 먹혔다. 보온병에 담아 온 뜨거운 물 한 병과 집에서 플라스틱 통에 담아 온 보리차 끓인 물 한 병을 다 마셨는데도 갈증이 가시지 않아 정장로가 반병쯤 되는 생수를 준 것까지 다 마셔버린 터였다.

이 맑은 계곡에 약수터는 따로 없었지만 상류 쪽 맑은 물을 생수병에 받아 마시니 시원하고 타오르던 갈증이 싹 가셨다. 영상 28°C 한낮의 햇볕이 내려 쬐는 날씨에도 호명산 계곡의 물은 얼음같이 시원하니 호명산 숲과 계곡이 얼마나 깊은가를 알 수 있다.

계곡에서 시원한 석간수로 목을 축이고 한참 내려오면 잣나무숲이 나온다. 군청이나 산림 당국에서 무슨 목적으로 조성해 놓았을 잣나무 숲인데 적당하게 촘촘히 밀식되어 있는 키큰 나무들이 하늘을 향하여 쭉쭉 뻗어 있다. 그런 잣나무 숲 지대는 10분 넘게 내려올 때까지 계속된다. 잣나무숲 안에는 유명한 잣나무숲 캠핑장(유료 휴양 시설)이 설치되어 있다.

잣나무숲 구간을 지나면 상천역에 가까운 마을 근처에 다다르게 되는데 마을과 잣나무숲 사이에는 가평군에 의하여 '상천지구 농촌테마공원' 조성공사가 진행되고 있었다. 공원 안에는 전시체험 시설인 한옥 6동(1442 m^2)과 주차장과 조경 시설 등 공공편의 시설(1653m^2)이 들어설 계획이라고 한다.

상천지구 농촌테마공원 입구를 지나면 마을이 나오는데 그 마을에서 텃밭 사이로 난 소로를 따라 내려오면 경춘선 전철 상천역이 나온다. 상천(上泉)이란 '윗상'자 '샘천'자니 한글로는 '윗샘'이라는 뜻이다. 아마 이 동네 이름이 윗샘 마을이었던 것 같은데 자세히 둘러보지는 않았지만 큰 비즈니스 건물도 있고 아파트, 농가마을들이 들어서서 꽤 큰 시골역이다.

　청평역에서 시작하여 윗샘역에서 끝난 오늘 호명산 산행, 총 길이가 10.44km이다. 오늘 호명산 산행은 호랑이 등에 타고 오른쪽 겨드랑이에는 맑고 푸른 청평호를 끼고 왼쪽 어깨에 거울같이 맑은 호수를 지고 우거진 잡목숲을 내달렸던 나름대로 짜릿했던 산행이었다.

　등산은 기도다. 도전이며 레저이며, 교감(交感)이다. 자연과 나의 교감, 인간(친구)과 인간의 교감, 신과 자연과 인간의 3각 교감- 즐거움도 많고 생각도 많고 고생도 많다.

산행수필(38)

관악산 6봉 능선1

관악산 6봉 능선의 릿지 등반에 도전하였다.

"오늘날 내가 팔십오 세로되 모세가 나를 보내던 날과 같이 오늘날 오히려 강건하니 나의 힘이 그때나 이제나 일반이라 싸움에서 출입에 감당할 수 있사온 즉 그 날에 여호와께서 말씀하신 이 산지를 내게 주소서"

(여호수아 14:10~12)

최근에 구약성서의 이 구절을 읽고 큰 감동을 받은 일이 있다. 이 구절에 포함된 나이(팔십오 세)와 산(산지)에 관한 언급이 특히 마음에 깊이 와 닿았다. 관악산 등산에 관한 나의 초기 수준은 신림동 쪽에서 머물렀다. 서울대학교 옆 계곡으로 난 등산로를 따라 한 30분쯤 오르면 나오는 깔딱고개까지 갔다가 도로 내려오는 식이다.

 관악산은 워낙 큰 산이라 다양한 접근로가 있지만 우리 70대 목요 산행팀의 주 무대는 주로 과천 쪽에서 올라가는 코스들이다. 그 중에서 관악산 6봉은 정부 과천청사역에서 출발하는 코스인데 근교 산객들에게 굉장히 인기가 있는 것으로 알고 있다. 우리 등산팀의 6봉 등정은 오늘이 첫 번 째가 아니다. 2010년 경 목요산행 팀 결성초기에 등산 고수들이 몇몇의 신입 단원들에게 관악산 등산을 입문시키면서 첫 번째로 안내한 곳이 이 6봉 능선이다.

 당시에 팀의 고고수(高高手) 민대장은 우리를 처음이지만 제대로 된 릿지코스로 소개할 의도를 가지고 있었던 것 같다. 그런데 몇몇 신참들이 가파른 바위비탈을 보고 '아이고 저기를 어떻게!' 해가면서 아우성을 치고 그런 가운데 몇몇 중참들이 '아니, 바위 타지 않고 가는 우회로가 있어!'하면서 신참들을 그리로 끌고 가는 바람에 그때의 6봉 산행은 비교적 싱겁게 끝났다.

그런데 이번에 필자가 6봉에 관한 산행기를 쓰기 위하여 그때 갔던 6봉을 다시 한번 가면 어떻겠느냐고 민대장에게 제의를 했던 것이다. 필자가 이번에 6봉에 관한 산행기를 쓰려고 하는 것은 관악산에 6봉 능선이라는 산행명소가 있다는 것을 단순히 소개하려는 것에 지나지 않았다. 가본지가 한 4~5년 되었기 때문에 기억에 아물해서 확인차 한번 더 가고 싶었을 뿐이다. 그런데 민대장의 생각은 그게 아니었던 것 같다. 6봉을 가려면 어떻게든 밧줄을 잡고 암벽에 매달리는 릿지(Ridge) 등반을 해야 된다고 생각했던 모양이다.

그러기 때문에 우리끼리 가서는 안되고 암벽등반의 고수를 게스트로 초빙을 해서 가야 된다는 것이다. 마침 우리 친구 중에는 고대장(高隊長)이라고 히말라야, 알프스, 요세미테 등의 절벽 등반의 고수가 있었다. 그래서 민대장이 고대장을 초빙을 해서 이번에는 같이 가기로 했다. 나는 혹을 떼려다가 붙인 격이 되어 겁이 덜컥 났다. 다른 친구들도 고대장을 특별 초빙해서 산행을 한다고 하니 겁이 나는지 슬슬 꽁무니를 빼고 나만 남게 되었다.

나는 처음에 '6봉 가자!'라고 제안했던 죄로 꼼짝없이 팔자에 없는 암벽타기를 하게 생겼다. 나이 70이 넘어 암벽타기라니! 도살장에 끌려가는 심정이었지만 어찌하랴 내 실력을 뻔히 아는 친한 친구들이니 쉽게 잘 가르쳐 주겠지 하고 따라나설 수밖에 없었다.

산행수필(39)

관악산 6봉 능선2

6봉중 제1봉은 가파른 바위 비탈인데 여기 오를 때는 등산 스틱을 접어서 배낭에 달고 장갑 낀 손으로 바윗부리와 나무 등걸을 잡고 기어 올라간다. 짧지 않은 구간이기 때문에 서너 구간으로 나누어서 1단계 올라갔을 때 암벽에 기대어 잠깐 쉬면서 숨을 고르고 나서 2단계 구간에 도전하고 이렇게 해서 숨을 몰아 쉬면서 3단계까지 주파하여 정상의 암봉에 도달할 수 있었다. 온몸이 얼얼해 오기 시작한다.

제2봉 오름도 비슷한 형국이기는 한데 어느 부분에 가서는 손 잡을 데도 마땅치 않은 직벽이어서 민대장이 짧은 로프를 내려 주어 어깨 밑에 감고 '하나 둘 셋!' 호흡을 맞춰 가면서 끌어 올려줘서 제2봉 등정은 가까스로 끝낼 수 있었다.

요는 제3봉이 하일라이트였다. 제3봉 비탈은 왜 민대장이 고대장을 초빙하였는가를 말해 주는 비탈이다. 3봉 비탈은 비탈의 높이가 30여미터를 넘는 곳인데 민대장이 가지고 다니는 밧줄은 20m짜리 짧은 밧줄이기 때문에 여기서는 맞지 않았던 것이다. 그래서 고대장에게 50m짜리 밧줄을 가져와 달라고 요청을 했던 것이다.

고대장이 50m짜리 밧줄을 가지고 선등(先登)을 섰다. 선등은 밧줄이 없이 맨몸으로 올라가는 것이다. 밧줄의 한쪽 끝을 배낭 끈에 매고 고대장은 절벽의 바위틈에 손을 넣어 가면서 바위비탈을 기어 올라갔다. 고대장은 인수봉을 오르내리는 암벽타기를 주로 하는데 관악산은 처음 와본다는 것이었다. 고대장이 처음 와 보는 비탈을 씩씩하게 오르는 모습을 올려다 보면서 확실히 실력이 있는 친구로구나 하고 감탄을 금치 못했다. 고대장은 고수이기는 하지만 그도 70대 중반의 노구이고 보니 힘들어 보이기는 하였다.

고대장이 바위 비탈 꼭대기까지 기어 올라가 밧줄을 바위 앵커에 단단히 묶어서 고정 시키고 2번 주자로 민대장이 밧줄을 타고 올랐다. 다음에 두 사람의 고수는 위에서 내려다보면서 코치를 하고 내 뒤에 나의 서포터로 항상 수고해 주는 윤감사가 올려다보면서 조언을 해 주는 가운데 내가 3번 주자로 바위벽을 기어올랐다.

구간 구간마다 손으로 잡거나 발로 디딜 틈새 등이 있어 올라 갈만하기는 하나 아주 어려운 부분도 있었다. 그것은 손잡을 홀드나 발 디딜 틈새가 없어 오로지 줄만 잡고 몸을 땅겨 올릴 때였다. 내가 내 팔 힘을 잘 아는데 무슨 힘으로 70kg의 체중을 끌어 올린단 말인가?

그러나 집중하면 그것도 된다. 가장 어렵다고 생각되는 두세 군데 지점에서 오히려 몸은 가벼워지고 바위 벽은 즐길 만 한 공간으로 느껴지기까지 하였다. 나같이 둔한 몸이 순간 날개를 단 느낌이었다. 한 걸음 한 걸음 땅겨 올라가면서 목표점에 다가가는 희열이 있었다. 행여 밧줄이 풀릴까봐 앵커 매듭을 안쪽으로 밀면서 나를 지켜보아 주는 고대장과 민대장이 참으로 고마웠다.

3번 주자 등반 완료! 일단 구호를 외치고 안전한 지점에 앉아 쉬고 있는 동안 4번 주자인 윤감사가 기어 올라왔다.

다 올라온 다음 밧줄을 다시 감아 올려 3봉 등로의 등반을 완료했다.

산행수필(40)

관악산 6봉 능선3

　3봉은 6봉 등반의 하일라이트 암봉이다. 3봉 등반의 꼭대기에는 코끼리 바위라는 유명한 형상석이 있다. 제3봉을 우회로로 해서 뒤로 올라간다면 어떻게든 코끼리 바위에 오를 수는 있을 것이다. 그러나 그 코끼리 바위까지의 후사면 등로도 그렇게 낮은 것이 아니기 때문에 전에 왔을 때는 멀리 뒤쪽에서 건너다 보면서 눈요기를 하는 것에 만족해야 했던 것이다. 그런데 나는 오늘 코끼리 바위 옆에 서 있고 민대장은 인증샷 기념사진을 찍었다.
　제3봉의 난코스를 이렇게 통과한 터라 다음의 4봉 오름은 어려운 줄 모르고 설설 기어 올라갔다. 그런데 제4봉에 무서운 암초가 도사리고 있었다. 4봉 후사면의 하강 비탈이었다.

까칠하고 난해한 바위 절벽이다. 절벽 마루에는 아예 밧줄을 걸 수 있는 철심이 박혀 있다.

 높이는 그렇게 높지 않기 때문에 민대장이 가진 짧은 밧줄을 걸고 하강하였다. 이번에는 순위를 1번 주자 민대장, 2번 주자 필자, 3번 주자 윤감사, 4번 주자 고대장으로 해 가지고 조심조심 절벽 비탈을 하강하였다. 4번 주자는 밧줄을 풀어서 두 가닥으로 철심에 걸고 내려온 다음 한 가닥을 밑에서 잡아 빼서 밧줄을 회수하였다.

 오늘의 쟁점 구간이었던 3봉, 4봉을 마치고 나니 5봉 6봉은 비교적 자신 있게 오를 수 있었다. 6봉 정상에는 태극기가 펄럭이고 있었다. 관악산 주요 지점에는 태극기가 많이 걸려 있다. 6봉 정상의 태극기 밑에서 '야, 해냈다!'는 듯이 사진을 찍었다. 먼저 6봉 갔을 때는 우회로로 요리조리 돌면서 산행을 하여 이름만 6봉 산행을 하였었다. 그러나 오늘의 6봉 산행은 어느 한 봉도 외상으로 넘김이 없이 하나하나를 다 정식으로 주파하였으니 아! 자부심이 크다. 단순한 산행(mountain walking)만 한 것이 아니라 오늘은 명실공히 등산(mountain climbing)을 한 것이었다.

6봉의 암봉들은 하나하나가 아름다운 바위숲 동산이다. 동산의 기저부는 소나무 참나무 단풍나무 진달래 철쭉…그 외에 다양한 수목들의 숲이다. 그 숲 위로 비쭉비쭉이 암산들이 치솟아 올라와 있고 암산들의 꼭대기에 다시 몇 그루의 수목들이 작은 동산을 이루고 있다.

6개의 봉우리를 올라올 때 하나하나의 봉우리에 집중하느라 6봉의 전체적 조망이 어떻게 되어 있는지 알기가 어려웠다. 마지막 6번째 봉우리에 올라와서 이미 올라온 6개의 봉우리가 어떻게 배열되어 있는가를 내려다 보니 그것들은 진주처럼 보석처럼 아름답게 줄지어 있었다. 6개의 봉우리들이 약간 휜 활 모양의 형태로 줄지어 절경을 이루고 있었다.

이 6봉의 아름다운 배열은 산 위쪽에서 아래쪽으로, 북쪽 후사면 쪽에서 동남쪽 비탈 아래로 내려다 보아야만 제대로 보인다. 이 높은 곳까지 오르는 자만이 6봉 능선의 진면목을 볼 수 있다. 남쪽이나 산 아래쪽에서 몇 발짝 걷지 않고 건성으로 보려고 해서는… 죽었다 깨나도 보여주지 않는다. 6봉 능선은 그 높은 곳에서나 볼 수 있는 그 나름의 비경을 후면에 감추고 있었다.

산행수필(41)

수리산 들머리

    목요산행팀의 일원인 이사장이 송파구에 살다가 안양 평촌으로 이사한 바람에 아무래도 우리의 발길이 수리산(修理山) 쪽을 자주 향하게 된다. 수리산은 군포시, 안양시, 안산시에 걸쳐 있는 명산으로 2009년에 경기도립 공원으로 지정됐다. 서울에서 수리산 가는 길은 지하철 4호선을 타고 수리산역이나 다음의 대야미(大夜味)역에서 내려서 오르면 된다. 가을이 한 참 깊어진 11월 19일 아침 10시 몇몇 산친들이 대야미역에서 만나 수리산을 올랐다.

    대야미역에서 수리산을 오를 때는 역에서 내려 산쪽으로 큰길 건너 오른쪽으로 조금 가다가 신호등 3거리에서 왼쪽으로 꺾어 아파트가 있는 마을 쪽으로 오른다. 조금 가면 대야초등학교 정문이 나오고 그 길 건너 대야도서관 건물도 보인다. 대야초등학교 정문 앞 지나 현대 아이파크 아파트 뒤쪽에 등산로 입구가 있다. 여기서부터 일단 슬기봉 방향으로 오르는 것인데 현대 아이파크 아파트 뒤쪽의 등산로 초입 부분부터 약 1.5km의 들머리 구간은 완만한 동네 뒷산형의 산책길이다.

어느 동네 뒷산이 그러하듯이 길옆에는 비석과 상석들이 세워져 있는 묘지도 있고 낮은 산 비얄에는 밭때기, 송전선 철탑들도 있지만 조금만 오르다 보면 인공물은 별로 없는 구릉진 등산로 산길이다. 수리산 기슭에는 소나무와 침엽수보다도 참나무류의 활엽수가 많은 듯, 이 길 위에는 누르스름한 낙엽들이 쏟아져 길바닥을 덮고 있다. 작고 큰 갈잎나무류 낙엽들이 길바닥에 두툼하게 쌓여 등산로를 걷는 발길이 마치 카페트 위를 걷는 것 같다.

수리산 여신(女神)은 분명 부유한 여신은 아니다. 상당히 부유하거나 고고한 여신 같으면 우리같이 소박한 노인네 백수들을 이렇게 반가이 맞아줄 리도 없다. 우리 나라는 좋은 나라이다. 위민(爲民) 공화국이다. 주머니가 얇은 시민들도 마음 놓고 근교 산행을 즐기라고 국립이나 도립의 공원, 둘레길 등을 잘 가꾸어 서비스하고 있다. 수리산도 서울시민이나 경기 도민이 경제적 부담 없이 소박하게 즐기도록 제공된 편안한 휴식공간이다.

그렇게 소탈한 수리산의 안 주인이 극상품(極上品) 카페트를 우리 발밑에 깔아 주지 못해서 안달할 이유도 없을 것이다. 아니 우리는 이미 천금을 들여서 짜도 이렇게 좋을 수 없는 참나무 숲에 깔린 연갈색 낙엽의 카페트를 밟아 올라가고 있는 것이 아닌가? 아일랜드 출신으로 아주 이름난 시인 예이츠 (William Butler Yates)의 다음과 같은 시구(詩句)가 생각났다.

    내게 금실과 은실로 짜고

    천상(天上)의 솜씨로 자수(刺繡)한

    비단천이 있다면

    ....

    그대 날 보러 오실 때에

    발밑에 깔아 드리련만

나는 가진 게 없어

대신 나의 꿈을 깔아 드리오니

사뿐히 즈려 밟고 내게 오소서

(원시의 일부를 생략하고 많이 의역하였다)

　낙엽 덮인 등산로를 그렇게 화려하지 않고 수수하고 소탈한 기분으로 사뿐히 즈려 밟으면서 1.5km 정도 올라 가면 임도(林道) 5거리라는 지점이 나온다. 여기서 바로 비탈길로 오르면 수리산 제2봉인 슬기봉이 나오는데 슬기봉 아닌 왼쪽 넓은 길로 가면 수리산의 본사인 수리사(修理寺)와 둘레길이 나온다.

산행수필(42)

슬기봉 찍고

　수리산 정상을 오르는 산행코스는 임도5거리에서 시작된다. 수리산 산행의 기본은 대략 임도5거리에서 먼저 제2정상인 슬기봉(451.5m)에 오른 다음 슬기봉 찍고 다시 거기서부터 약 2km 떨어진 최고봉인 태을봉(489m)을 오르는 것이다.
　임도5거리에서 슬기봉 등로는 가파른 비탈길이다. 지금까지 들머리 부분의 완만한 평탄길과는 아주 딴판이다. 수리산 등산 코스의 특징은 웃고 들어가서 울고 나오는 형국이다. 산록의 초입 구간은 동네 뒷산 같은 평탄길이 계속 이어진다. 그러다가 임도5거리에서 슬기봉 까지는 경사도 60~70°의 비탈을 기어오르는 것이다.

임도5거리에서 슬기봉 등로는 슬기봉 정상부를 차지하고 있는 공군부대에서 임도5거리 지점까지 설치되어 있는 쇠파이프 옆으로 나 있다. 다시 말하면 임도5거리 지점에서 시작된 쇠파이프(급수파이프?, 기름파이프?)가 슬기봉 정상부에 있는 군부대 시설까지 이어져 있는 셈이다. 슬기봉 정상에는 관악산 연주대와 비슷하게 둥그런 축구공 모양의 건축물이 설치돼 있는데 이 큰 건축물이 먼곳 까지 보이면서 이 일대의 랜드마크 구실을 하고 있다.

임도5거리에서 슬기봉까지는 길모르는 사람도 가게 되어 있다. 쇠파이프만 따라가면 되기 때문이다. 이렇게 가파른 등로가 약 1km 그 끝이 슬기봉 정상이다. 슬기봉 정상은 차돌 바위 암릉이 비쭉비쭉 솟아 있는 운치 있는 암릉숲이다. 한 가지 유감스러운 점이 있다면 군부대 시설이 거의 다 차지하고 있기 때문에 등산객들이 운신하기에 비좁다는 것이다. 하지만 이 봉우리는 수리산 제2봉이고 웬만한 수리산의 등산코스는 다 이곳으로 연결되는 주요 지점이다.

여기 올라오면 동남방향으로 펼쳐진 수리산 그리고 경기

도 일대의 산야가 다 내려다보인다. 여기까지 오면 수리산 등산의 반농사는 지은 셈이기 때문에 한 숨 돌리며 쉬기에 안성 맞춤이다. 수리산 등산객들에게 최고로 사랑 받는 슬기봉이다.

슬기봉 만 오른다면 수리산 등산은 반농사만 하다만 셈이 된다. 그래서 슬기봉 찍고 다음 행선지로 가야 되는데 과연 어디로 가야한단 말인가? 아까 들머리에서 낙엽의 카페트를 깔아준 수리산 여신은 실은 조신(鳥神:새의 신)이다. 수리산 여신이 새의 신인지 아닌지 그대가 어떻게 아는가? '수리산'의 이름이 독수리라는 어원을 가지고 있기 때문이다. 모르긴 몰라도 산봉우리의 모양이 독수리의 머리 모양을 닮아서이거나, 아니면 산봉우리에 독수리류의 새들이 와서 자주 내려앉거나, 또 아니면 산꼭대기의 푸른 창공 위로 수리류의 맹금조가 날개를 펼치고 자주 비행하거나 하기 때문에 이런 이름이 붙여진 것일 것이다.

수리산의 최고봉은 슬기봉에서 약 2km 떨어진 지점에 있는 태을봉(太乙峰)이다. 수리산의 주봉이 태을봉인 셈인데 수리산의 주봉의 이름이 태을(큰새)인 것을 보면 수리산은 어쨌든 독수리의 산임에 틀림 없다. 그러니 일단 수리산에 온 이상 태을봉을 가서 큰 새를 만나는 것이 옳은 순서일 것이다. 즉 슬기봉 찍고 태을봉 가는 것이 정코스일 것이다.

그런데 지난 번 왔을 때 가보니 '슬기봉 찍고 태을봉'이란 말처럼 그렇게 쉬운 코스가 아니다. 처음이라 그랬는지 슬기봉에서 태을봉까지는 거리가 우선 엄청 멀게 느껴졌고 운치도 별로 없어 고생스러운 기억밖에 없다. 그래서 태을봉 가지 말고 딴 데 가자고 내가 엄청 틀고, 또 이사장이 '수암봉'이라고 가깝고 코스도 수월한 데가 있는 것 같다고 동조하니 대장도 할 수 없이 계획을 변경하여 수암봉으로 가기로 하였다.

수암봉 가는 길은 태을봉 가는 방향과는 정반대로 서쪽 방향으로 가는 것이다. 컬럼버스가 육지로 동진(東進)하는 대신 바다로 서진(西進)하면 좋은 곳에 갈 수 있다고 믿고 출발하였던 것처럼 우리도 꿩대신 닭이 될지 닭대신 꿩이 될지 모르지만 수암봉 가면 엄청 좋은 일이 있을 것 같아 수암봉을 향하였다. 수암봉! 빼어나게 아름다운 봉우리, 아까 들머리에서 낙엽의 카페트를 지천으로 깔아주어 우리를 환영하였던 그 아름다운 여신이 오늘 태을봉 대신 수암봉에서 우리를 기다리고 있을 것만 같다.

산행수필(43)

수암봉 가는 길

　슬기봉 정상에서 태을봉 방향과 정반대의 방향으로 슬기봉 바위 언덕을 감돌아 가는 잔도가 설치되어 있고 그 잔도의 입구에 '수암봉 가는 길'이라는 횡간판이 걸려 있는 문(門)이 있다. 그 잔도는 부여 낙화암 만큼이나 가파른 낭떨어지에 설치되어 있는데 그 잔도에서는 수리산 북쪽 후사면 일대가 다 내려다 보인다. 거기는 수백만 평도 넘는 계곡 숲 지대인데, 안양시, 군포시, 안산시의 어느 쪽에서도 준령들을 넘지 않으면 갈 수 없는 오지중의 오지이다. 대개 이런 곳에서는 초기 천주교도들이 박해를 피하여 옹기를 굽거나 농사를 지으면서 사는 경우가 많은데 아니나 다를까 여기가 바로 그런 곳이라고 한다.

조선인 최초의 신부인 김대건 신부에 이어 두번째 신부인 이가 최양업(崔良業)이다. 최양업 신부의 부친으로 최경환(崔京煥) 이라는 천주교도가 있었는데 고향이 충남 청양군 화성면이었다고 한다. 그가 독실한 천주교도가 되어 조선 순조 때 본격화되기 시작한 천주교 박해를 피하여 이곳 수리산 기슭에 숨어 살며 천주교 교우촌을 이루어 담배 농사를 짓고 옹기를 구우며 살았다고 한다.

우리나라에서 천주교회가 세워지기 시작한 것은 18세기 중반인데 그 이후 19세기 중반까지 거의 100여 년에 걸쳐 극심한 탄압을 받게 되었고 이 기간 수많은 순교자들이 생겨났다. 최경환 성인은 수리산 기슭에 숨어 살면서 천주신앙을 전파하던 중 1839년(헌종5) 기해박해가 일어나자 한양을 오가며 순교자들의 유해를 거두어 안장하고 불안해 하는 교우들을 위로하고 격려하며 돌보았다. 그러던 중 그도 그해 7월 31일 체포되어 서울로 압송되고 모진 형벌을 받다가 9월 12일 포청옥에서 장렬히 순교하였다.

최경환의 시신은 수리산 담배촌(교우촌)에 묻혔다가 명동

성당으로 천묘후 다시 양화진 성당으로 옮겨졌다. 1984년 천주교 200주년 기념을 위해 방한 중이던 교황 요한 바오로 2세에 의해 1984년 성인의 반열에 올랐다. 이후 수리산 기슭 교우촌은 천주교 성지로 조성되었고 기념 성당과 최경환 고택, 예수님 십자가 처형 사건을 묘사한 14처 동상, 최경환 가묘 등이 조성되어 있어 지금도 탐방객이 끊임 없이 찾는다고 한다.

원래 호기심을 가지고 신비의 여신을 찾아서 남들이 잘 안 가는 길을 찾아 가다 보면 이런 비경도 만나고 거기에 얽힌 역사적 유래도 알아볼 수 있는 것이다.

정상의 우회 잔도는 절벽 모퉁이를 돌아 가파른 계단을 한없이 내려간다. 빼어나게 아름다운 바위라는 이름을 가진 수암봉(秀巖峰)은 대체 어디에 있는지, 능선길이라더니 왜 이리 한정 없이 내려가기만 하는지… 한정 없이 내려가니 그 밑에 공군 부대 들어가는 군사도로인지, 아니면 특수목적용 비상 도로인지 알 수 없는 콘크리트 포장 도로가 나오고 그 도로 건너에 사각정 쉼터가 있어 거기서 쉬면서 도시락으로 점심식사를 하였다.

식사를 마친 후 다시 수암봉을 향하여 가는 길은 방금 내려온 만큼 다시 올라가는 길이다. 모든 산길은 다 그렇다. 반드시 내려간 만큼 다시 올라야 되고 올라간 만큼 다시 내려가야 된다. 이후의 산길은 만만치 않은 험로이다. 능선의 남서쪽 비탈로는 군부대 경내이다. 군부대 울타리인 철책선이 쳐져 있다. 철책 옆으로 난 능선길을 걸어 오르고 내리다가 어떤 부분에 가서는 비탈의 9부 능선을 따라 행군을 계속해야 한다.

발하나 디딜만한 미끄러운 소로와 산비탈을 갈잎 나무의 낙엽이 수북이 덮고 있다. 아까 들머리에서 아름다운 카페트로 우리를 환영했던 여신이 여기서는 까칠한 마녀로 변했는지 미끄러운 낙엽 비탈을 잘 못 밟았다가는 끝이 보이지 않는 낭떠러지로 추락하게 되어 있어 아슬아슬하다.

나를 만나러 오는데 공짜로 무임승차로 만나보려 하였다면 크나큰 오산이다, 요건 몰랐지 하는 식으로 수암봉 여신은 우리를 골탕 먹이고 있다. 수암봉 가는 길은 오름과 내림이 심하고 거리도 1.5km나 되어 태을봉 가는 것에 못지 않게 멀다. 수암봉 여신은 진정 아름답고 미운 새인가? 아름답고 미운 새 아미새 당신을 만나러 가는 길은 험하고도 험하다.

산행수필(44)

수암봉에서

그렇게 해서 수암봉에 접근하는 가운데 저게 수암봉인가 싶을 만큼 높고 큰 산봉을 몇 개나 넘었다. 마지막에 최고로 높은 산봉이 있어서 이게 수암봉인가 했는데 그냥 평범한 산봉이었다. 그 산봉의 꼭대기를 넘어가면서 보니 앞쪽으로 수암봉이 보이기 시작하였다. 금방 보아도 눈에 띌 만큼 아름다운 산봉이다. 주변의 어느 산봉보다도 뛰어나게 아름다운 이름 그대로의 수암봉(秀巖峰)이다.

수암봉은 암산이다. 보는 각도에 따라서는 험준함이 엿보이는 까칠한 차돌바위 암봉이다. 남쪽 비탈은 수직 절벽이고 절벽의 돌 틈에 가녀린 초목들이 매달려 있다. 절벽의 윗쪽 옆쪽으로는 소나무 등 침엽수와 단풍 든 갈잎나무들이 돌틈을 비집고 드문드문 자라고 있다.

　수암봉은 여산(女山: 여성의 이미지를 가진 산)이며 조산(鳥山: 새의 이미지를 가진 산)이다. 남자에게도 꽃미남이라는 개념이 있기는 하지만 역시 아기자기한 아름다움이란 여성에게 어울리는 수식어이다. 수암봉은 주변의 평범한 풍광에 비하여 빼어나게 돌출되어 있는 아름다운 산봉이다. 아무나 쉽게 접근할 수 없는 여신이고 바위 절벽의 동산이다.

　수암봉은 인근의 시민들에게 인기가 높은 산이기 때문에 지금은 탐방객들이 쉽게 올라갈 수 있도록 가파른 바위 비탈에 잔도를 설치해 놓았다. 바위 비탈의 지형을 따라 설치해 놓은 미로 같은 잔도를 따라 정상으로 기어올랐다. 수암봉 최정상부는 수암봉 전체의 아름다운 풍광에 비하여 삭막하게 솟아 있는 돌무더기이다. 그 위에 정상석(398m)이 놓여 있다. 그리고 그 정상부를 정점으로 완만한 암봉이 부드러운 곡선을 그리며 산의 9부 능선을 이루고 있다. 정상의 뾰죽뾰죽한 부리 모양의 돌부리 무더기 그리고 그 아래의 완만한 암봉 비탈로 이 산은 새의 모양을 닮았다.

　일행은 수암봉 정상에 올라 정상석을 가운데 놓고 인증샷 사진을 찍었다. 슬기봉은 군포시 관내인데 수암봉은 안산시 관내라 한다. 그래서 수암봉 정상 바로 밑에 안산시에서 전망 데크를 설치해 놓았다. 거기서는 동서남북이 다 내다보이는데 서남쪽으로는 안산시 수암동 일대가 내려다 보이고 동쪽의 안양시내 쪽으로는 수도권 외곽 고속도로가 보이는가 하면 멀리 서쪽 측면으로는 50번 고속국도 영동고속도로가 내다 보인다. 영동고속도로 남쪽 시야끝으로는 물왕저수지도 보이고… 사방 다 보인다, 서남 방향으로는 저 멀리 지평선 넘어로 서해 바다까지.

수암봉(秀巖峰)의 원래 이름은 취암봉(鷲巖峰)이었다고 한다. 수암봉의 산세가 독수리 모양을 닮아서인데 그렇다면 수리산 명칭은 태을봉이나 슬기봉과 같은 더 높은 주봉군(主峰群)쪽에서 연원한 것이 아니라 바로 이 작은 수암봉에서 나온 것이란 말인가? 수암봉은 그만큼 저력 있는 산봉이라 인정을 받은 것인지도 모르겠다. 우리 산행팀은 지금 수암봉을 탐방하면서 두 가지를 동시에 놀라고 있다.

태을봉 코스가 너무 힘들 것 같아서 꿩대신 닭으로 선택한 수암봉이 너무나도 아름다워 완전히 닭대신 꿩이 되었다는 것, 그리고 수암봉이 쉬울 줄 알고 갔다가 길이 험해서 엄청나게 고생했으니 여우를 피하려다 늑대를 만난 격이 되었다는 것, 웃어야 할지 울어야 할지, 어차피 수암봉은 아름답고 미운 새 아미새 당신이다.

산행수필(45)

하산길 알바

이제는 하산길이 문제다. 참석자 모두가 수암봉 쪽은 와 본 일이 없는 곳이라 하산 길을 생각해서 리더가 계속 만나는 사람마다 수암봉에서 내려가는 길은 어디가 좋으냐고 묻는다. 수암봉에서 내려가는 길은 안산시내로 내려가는 것인데 거기서 안산시내 4호선역인 상록수역까지는 시내버스를 타야 된다는 것이다. 그렇게 했더라면 별 고생을 안 했을 것이다.

수암봉에서 안산시내가 바로 내려다 보인다. 리더는 내려가는 길도 잘 모르거니와 시내버스를 타야 된다고 하니 그리로 가는 것보다 슬기봉 쪽으로 되짚어 가서 대야미역으로 복귀하여 거기서 전철을 타자고 한다. 멤버들의 의견이 대체로 일치되는 것 같아서 그대로 따라 가기로 하였다. 올 때는 멋 모르고 엄벙덤벙 왔는데 온 길을 되짚어 슬기봉으로 가려고 하니 수암봉에서 슬기봉길은 왜 이리 멀기만 한지? 수암봉에서 슬기봉 가는 내내 슬기봉 정상(사실은 슬기봉 정상 인근의 고깔봉)에 설치되어 있는 대형 축구공 모양의 군부대 시설은 우리의 시선을 떠나지 않고 있다.

해는 석양에 뉘엿뉘엿 지고 고깔봉 꼭대기의 둥근 시설물의 실루엣 산그림자가 멀리 보이는 가운데 우리는 걷고 또 걸어 슬기봉에 도착하였다. 어둡기전에 내려가기 위하여 슬기봉 정상에서 잠시 쉴틈도 없이 임도5거리를 향하여 파이프 등산로를 초고속도로 내려간다. 어거지로 힘을 내면 무릎이 아파지는 것, 중간쯤 내려 왔을 때 오른쪽 무릎이 너무 아파 그 자리에 서서 아스피린 50mg 한 알을 털어 넣었다. 등산이나 운동 중 근육통이나 관절통이 생겼을 때 아스피린을 복용하면 도움이 된다.

이래 저래 주춤거리다 보니 일행은 선두그룹과 후미그룹의 두 그룹으로 나눠지게 되었다. 선두 그룹에 후미그룹이 떨어지더라도 선두그룹의 꼬리를 놓지 않으면 바로 따라 잡을 수 있는 것인데 한 참 내려가다 보니 선두 그룹은 이미 보이지 않는다. 오늘은 나와 국필(國筆)이라고 부르는 서예가 하정(夏汀) 친구가 후미 그룹이 되었다. 해는 거의 지고 주변은 어두워 졌는데 임도5거리도 지나 한 참 내려와도 선두그룹은 보이지 않고 하정과 내가 대야미역을 향하여 길을 찾아 내려가야 하게 생겼다. 등산을 잘 했으면 후미 그룹이 되었을까? 둘 다 길 찾는 데에 자신이 없었기 때문에 그래도 넓게넓게 난 등산로만 찾아 차분하게 걸었다.

그러는 중에 선두그룹인 리더한테서 전화가 왔다. 어디에 있느냐는 것이다. 우리가 대야미역으로 가는 능선길로 제대로 가고 있는 것 같다고 하니까 그대로 내려가라고 하면서 자기들이 오히려 길을 잃었다는 것이다. 선두그룹이요 등산의 고수라 해서 까짓것 못 찾아가랴 하고 방심하였던 것이 화근이 되어 오히려 길을 잃었다는 것이다. 나중에 얘기 들어 보니 헤매다가 동네 아줌마 같은 등산객을 만나 수리산역 하산길(대야미역은 포기하고)을 물으니 '나만 따라 오라'고 해서 그 아줌마를 따라가는 바람에 더 이상 헤매지 않고 수리산역에 잘 도착하였다고 한다.

하정과 나도 그럭저럭 대야미역에 잘 도착하였다. 때는 늦가을이라 2시간 해가 일찍 져서 주변은 이미 깜깜하다. 그래도 서둘러 귀가한 덕에 7시30분 경 집에 도착할 수 있었다. 등산길에서 길을 못 찾고 헤매는 것을 시쳇말로 알바(아르바이트?, 노동?)한다고 한다. 국어사전에도 없고 유행어 사전에도 없는 말인데 등산 블로그 올리는 사람들이 흔히 쓰는 말이다. 왜 우리는 결국 빈손으로 출발하여 원점에 다시 빈손으로 도착할 걸, 이런 험산을 온 종일 알바하고 다니는가? 하지만 인생길이 원래 그런 것인데 어찌하랴?

오늘도 걷는다만은 정처없는 이 발길
지나온 자욱 마다 눈물 고였다.

백년설 원곡의 '나그네 설음' 한 귀절이라도 읊조려 보아야 할까?

산행수필(46)

청계산 백설부1

　지구 온난화 현상 때문인지는 모르나 금년 서울지방 날씨는 그렇게 추운 편은 아니다. 2015년 12월 3일, 오늘의 일기예보는 약간 애매하다. 아침 최저 기온 0°C, 오전에 약간 눈 있을 듯… 그렇더라도 어쩐지 게으름 피고 핑계 대고 딱 쉬고 싶은 목요일이다. 그러나 전 주에 김장 핑계로 한 주를 쉬었기 때문에 미안해서라도 오늘 산행을 빠질 수 없다. 리더의 산행지 예고는 청계산인데 원터골에서 시작하여 매봉→망경대 허리길→ 석기봉→ 이수봉→ 옛골 하산이란다. 많지 않은 눈이지만 눈 올 예정이니 아이젠, 판초우의 등 겨울 장비를 준비하고 옷도 따뜻하게 입고 오란다.

　그대로 했지만 금년 들어 눈도 비도 그렇게 많이 내린 적이 없었기 때문에 가벼운 마음으로 집을 나섰다. 원터골 출발점 가는 지하철역은 신분당선 '청계산 입구'역이다. 조금 일찍 가서 맞이방에서 친구들 기다렸다가 만나서 에스컬레이터를 타고 입구에 나오니 거짓말 안 보태고 아기들 손바닥 만한 눈이 펑펑 쏟아지고 있었다. 집에서 나올 때는 조금씩 비치던 눈이다. 지하철 타고 오는 동안 눈발이 거의 폭설 수준이 되어 있었다.

역에서 내려 원터골 입구 쉼터에서 눈 산행 장비를 착용하려고 마음 먹었던 예상이 완전히 빗나갔다. 지하철 역사 출구에서 판초 우의를 꺼내서 뒤집어 쓰고 아스팔트 바닥이라 아이젠은 안 했지만 대신 스패쓰(spats)라고 군대식으로 얘기하면 각반(脚絆)인 발목 보호대를 착용하였다. 바닥 날씨는 영상인데 하늘에서는 눈이 펄펄 내리니 길가에 눈이 금새 수북수북 쌓인다. 쏟아지는 눈은 길바닥에 닿자마자 녹으니 길바닥은 진수렁이지만 그 위로 흰 눈은 두툼하게 쌓이기 시작한다.

시멘트, 보도블럭 길을 다 지나 등산로 들머리 쉼터에서 아이젠을 착용하고 계곡 옆 등산로로 산행을 시작하였다.

계곡 옆 등산로를 지나 다리 건너 돌계단 등산로로 산에 올라가는 내내 눈 발은 조금도 약해지지 않고 계속 쏟아진다. 코스를 바꿔야 한다. 대장은 매봉, 석기봉 길 포기, 옥녀봉으로 해서 과천 대공원으로 하산한다고 선언한다. 코스가 짧아져서 다행이다. 눈 산행 하기에 그리 무리스러운 코스가 아니다. 폭설 수준의 눈이 계속 쏟아지는 가운데 청계산 숲길을 오르노라니 내가 히말라야의 설인이 된 것인지 시베리아의 백곰이 된 것인지 모르겠다.

  발밑의 눈은 이제 발등 높이까지 쌓이고 펄펄 내리는 눈발은 창공을 가리어 하늘을 쳐다보아도 뿌연 눈안개 밖에 안 보인다. 조선 인조(仁祖) 시대 문신 정창주(鄭昌胄: 1608~1664)는 그가 일곱살 때 눈 내리는 산경치를 다음과 같이 읊었다 한다 (안대회, '가슴으로 읽는 한시', 『조선일보』, 2015. 12. 5. A30쪽).

    不夜千峰月(불야천봉월)

    非春萬樹花(비춘만수화)

    밤도 아닌데 봉우리마다 달이 떴고

봄도 아닌데 나무마다 꽃이 피었네.

　여기서 '不夜千峰月'이란 것은 눈 내리는 날 하늘은 대낮도 달밤 같이 부엿다는 뜻이다. 딱 오늘 눈내리는 청계산 상공의 하늘이 그런 모습이다.
　소나무 위에 내리는 눈은 가지 위에 수북이 쌓였다가 끝내 힘이 겨우면 후두둑 하고 바닥으로 쏟아진다. 갈잎나무(활엽수)들은 나뭇잎을 이미 다 떨군 상태라 앙상한 나뭇가지와 줄기의 윗쪽 옆쪽으로 쏟아지는 눈을 고스란히 맞으며 서있다. 온 산 전체가 눈 속의 숲이요 숲속의 눈이다.

산행수필(47)

청계산 백설부2

　군대훈련을 받을 때도 경험한 바이지만 판초 우의를 뒤집어 쓰면 앞모습 옆모습은 완전히 허수아비와 같은 법이다. 등산 배낭을 멘 채 판초 우의를 뒤집어 쓰니 뒷모습은 완전히 곱사등이가 된다. 오늘 4명의 친구밖에 참석 안 했는데 4명의 쿼트로 로스 판쵸스가 히말라야 설인의 모습을 하고 청계산 비탈을 오르고 또 오른다. 고등학교 때 국어 교과서에서 배운 김진섭(金晉燮)의 수필 백설부(白雪賦)의 한 대목이 떠오른다.

　백설이여! 잠시못노니, 너는 지상의 누가 유혹했기에 이곳
에 내려오는 것이며, 그리고 또 너는 공중에서 무질서의 쾌

락을 배운 뒤에, 이곳에 와서 무엇을 시작하려는 것이냐? 천국의 아들이요, 경쾌한 족속이요, 바람의 희생자인 백설이여! 과연 뉘라서 너희의 무정부주의를 통제할 수 있으랴!

옥녀봉 정상에는 헬기장도 있고 헬기장 주변으로 벤치도 있으나 지붕 있는 쉼터 공간은 마련되어 있지 않다. 이렇게 눈이 계속 쏟아지는 가운데는 지붕 없는 쉼터에서는 점심 식사하기가 곤란하다. 그래서 오늘은 11시 20분 밖에 안되었지만 옥녀봉 밑쪽에 있는 원터골 약수터 휴게 공간에서 식사를 하기로 하였다. 거기에는 꽤 넓은 4각정 및 8각정 쉼터가 있어 4각정 쉼터안의 야외용 식탁위에 도시락을 펼쳐 놓고 선채로 식사를 하였다.

이른 식사를 하고 바로 옥녀봉 정상을 향하여 행군을 계속하였다. 비탈길을 지나 완만한 능선길로 행군을 계속하는 동안 청계산 일대는 적설량 15cm 이상의 눈 세계가 되었다. 순백의 눈으로 뒤덮여 있는 산속의 숲은 완전히 흑백영화의 한 장면 또는 크리스마스 카드의 한 장면이다. 순백의 동화 나라에 금방 어디선가 산타의 썰매가 방울 소리를 울리며 튀어나올 것만 같다. 순백의 설경 효과로 우리 노익장 산악인들의 판초 우의는 제법 컬러풀하게 보인다. 동화의 나라에서는 판초 우의도 기사(騎士)의 망토가 된다.

옥녀봉 정상에 오를 때쯤 눈발은 가늘어지다가 옥녀봉을 넘어 과천 대공원 방향의 비탈로 내려갈 즈음에는 눈이 그친 채 숲과 바위와 산비탈이 온통 눈으로 뒤덮여 있다. 산중에서도 지표는 영상이라 눈이 오다가 밑에서는 녹고 위에서는 쌓인 상태가 되어 눈 위를 아이젠 신은 발로 밟으면 신발바닥에 반쯤 녹은 눈덩이가 벽돌장처럼 매달린다.

과천 대공원 쪽 비탈은 바람의 영향도 별로 안 받는 곳이라 쌓인 눈의 두께가 발목을 덮는다. 옥녀봉에서 과천 대공원 쪽 하산길 비탈은 그쪽에서 올라올 때 상당히 가파르다고 생각되었던 것은 사실이나 오늘 내려가 보니 너무너무 가파르고 미끄럽다. 거기다가 발밑에 눈덩이까지 매달려 발목이 접질려져 허망하게 미끄러지곤 한다. 몸이 둔한 내가 유독 많이 미끄러졌는데 토탈 다섯번은 미끄러졌을 것이다.

그런데 등산로가 두툼한 눈 방석이라 미끄러져도 전혀 무해하다. 수북이 쌓인 눈위에 엉덩 방아를 찧는 식으로 미끌어져도 하나 아프지 않고 흙도 묻지 않기 때문에 그냥 털고 일어나면 그뿐이다. 낙법을 배우지 않았어도 여기서의 미끄러짐은 매우 우아한 동작으로 마무리 된 것으로 치부될 수 있다. 누가 판정해 줄 사람도 없다. 내가 그렇다고 하면 그럴 뿐이다.

 설산 비탈에 내가 있고, 설산 비탈에서 내가 뒹굴고, 어릴 적 고향 동산에서 뛰놀던 동심의 추억이 고스란히 되살아나는 듯하다. 지독한 설중전이었지만 산중의 눈경치는 아름다웠고 코스도 짧았기 때문에 별로 힘든 줄 모르겠다. 오후 3시경이 되어서 산행을 마치고 대공원역에서 지하철을 타고 귀가 하였다.

산행수필(48)

탕춘대 능선길1

 2015년 12월 24일 크리스마스 이브날이다. 본격적인 겨울 추위가 시작되는 날이다. 겨울 산행의 코스는 일기예보에 따라 달라진다. 눈이 많이 온다는 예보가 있을 때 흙 비탈이 심한 코스나 바위 비탈길은 피해야 한다. 오늘은 영하 5~6도의 날씨이나 눈은 오지 않는다는 일기예보이다. 대장이 일기예보를 보고 북한산 탕춘대 능선 지나 비봉까지 오르고 할 수 있으면 문수봉까지 간다는 예고를 하였다.
 아침 10시에 불광역에서 몇 명의 산친이 만났다. 크리스마스 이브지요, 춥지요… 빠지기 딱 좋은 날이다. 그래서 그런지 5명밖에 모이지 않았다. 불광역에서 탕춘대 능선을 가려면 3번 출구로 나와 진흥로를 따라 래미안 아파트 앞을 지나 구기터널 입구까지 걸어간다. 구기터널 입구의 돌계단 등산로를 올라가면 향로봉 계곡 방향으로 직진하는 등산로와 거기서 오른쪽으로 꺾어 오르는 등산로가 갈라지는데 오른쪽으로 꺾어 오르는 길이 탕춘대 능선으로 바로 오르는 길이다.

 탕춘대 능선이란 자연 능선이 아니고 실은 탕춘대 성곽길이다. 탕춘대 성곽은 서울 도성 성곽과 북한산성 성곽을 연결하는 보조 성곽(翼城)이다. 탕춘대 성곽은 인왕산과 북악산 사이에 있는 창의문의 서쪽에서 시작한다. 거기서 인왕산 북쪽 능선을 따라 내려와 지금의 홍지문에 연해 있는 모래내(沙川)에 이른다. 성곽이 모래내를 만나는 지점에 설치된 문루가 홍지문이다. 홍지문 옆으로 모래내가 흐르기 때문에 성곽이 냇물을 건너기 위하여 홍지문에 붙여서 큰 수문성벽 (五間 大水門)을 만들었다. 성곽은 수문 위를 지나 지금의 구기터널 위까지 이어진다. 그리고 구기터널 위를 지나 북한산 비봉 옆에 있는 향로봉 아래까지 이어지는 것이다. 이 탕춘대 성곽 자체가 워킹 코스가 되는데 총 길이 약 4km에 달한다고 한다.

임진왜란과 병자호란 때 서울이 함락되며 온갖 고초를 겪은 조선 왕조는 전쟁이 끝난 후 국방과 수도 방위를 위하여 온갖 노력을 경주하였다. 숙종은 재위 36년 (1710) 서울 도성 수축 공사를 끝내고 그 후 왕 37년(1711)에는 북한산성을 축성하였다. 도성의 수축과 북한산성의 축조가 차례로 마무리된 뒤 왕 44년(1718)에는 두 성 사이를 성곽으로 연결하는 탕춘대성 공사를 시작하여 이듬해 완료하였다.

탕춘대성 건립 목적은 지금의 구기 분지(구기동 평창동 일대)를 총융청(摠戎廳) 기지로 삼기 위한 것이다. 총융청이란 수도 외곽의 방위를 맡았던 군기관이다. 탕춘대 성곽 안을 요새로 만든 뒤 성곽 안의 명소인 탕춘대(蕩春臺)에 군사훈련장을 만들고(영조 때는 이 군사훈련장의 이름을 연융대=練戎臺로 고쳤다), 총융청의 창고인 상창(上倉)과 선혜청의 대동미를 보관하는 하창(下倉)의 양 평창을 설치하였던 것이다.

탕춘대성이란 명칭은 이 성안의 중심 시설인 탕춘대라는 돈대(墩臺)에서 유래된 것이다. 탕춘대는 신영동 세검정 정자에서 평창동으로 넘어 가는 얕으막한 고개 위에 있다. 연산군이 그의 재위 11년(1505)에 경치가 빼어나게 아름다운 이곳에 탕춘대를 짓고 앞 시냇가에는 수각(水閣)을 지었다 한다. 그 수각에서 여자들을 데리고 와서 질탕하게 놀았다 한다. 탕춘대란 봄을 질탕하게 즐기기 위한 누각으로 지어진 것이었는데 나중에는 군사시설이 된 것이고 이 탕춘대가 있는 성곽의 이름을 탕춘대성이라 부르게 된 것이다.

산행수필(49)

탕춘대 능선길2

  목요산행팀의 산행코스와 탕춘대 능선과의 연관성은 구기터널 바로위의 성곽길에서 시작된다. 길찾기의 명수인 등반 대장을 따라 구기터널 입구의 외진 등산로를 따라 오르면 구기터널 능선 말랭이에서 탕춘대 성곽길을 만나게 된다. 거기서 좌회전 길로 접어 들어 한 100m 올라가면 탕춘대성 암문(暗門)이 나오면서 고색 창연한 묵은 돌로 축조된 탕춘대 성곽의 민낯을 목격하게 된다.

  암문이란 성루가 없는 산성의 통용문이다. 평시에는 민간인의 통행을 통제하는 통행문이며 전시에는 군사용 인원과 물자를 통과시키는 관문이다. 탕춘대성 암문에서 성곽 위로 난 등산로를 따라 700m쯤 걸어 오르는 길이 비봉으로 가는 탕춘대 성곽길이다. 비봉 가는 탕춘대 성곽길의 특징은 성곽 위의 군사용 통행로(옛날)와 등산로가 경계선도 없이 넘나들며 맞붙어 있어 우리가 그 위를 덕수궁 돌담길을 걷는 기분으로 걸을 수 있다는 것이다. 성벽 위의 일부 돌담들이 허물어져 있어도 크게 보수하지 않고 고색 창연한 모습을 간직한 채 뒹굴고 있다.

성곽은 미적 요소까지 고려하며 정교하게 축조되었던 것 같지는 않으며 오히려 투박하게 그렇지만 튼튼하게 축조되어 있다. 그렇기 때문에 뒤에 크게 손대지 않고 방치된 듯이 두었는데도 흉하게 허물어져 있지는 않다. 수백 년 변색한 성 돌이 켜켜이 쌓여 있는 위로 등산로가 나 있는 것이다.

필자가 이 등산로를 걸어 오를 때마다 생각 나는 두보(杜甫)의 '춘망(春望)'이라는 시구가 있다.

    國破山下在(국파산하재)
    城春草木深(성춘초목심)
    感時花濺淚(감시화천루)
    恨別鳥驚心(한별조경심)(일부)

나라는 망하여도 산과 강 여전하고

봄 오니 성 안에 초목이 무성하네

시절 아는 꽃들은 눈물 보이고

이별이 한스러워 새들조차 놀라네

   오늘 12월 24일 크리스마스 이브의 탕춘대성 풍경이 딱 그 두보의 춘망의 풍경은 아니지만 이제 계절이 겨울의 한 가운데를 지나고 있으니 봄은 머지 않아 오기는 올 것이다.

   구기터널 위의 탕춘대 성곽과 북한산 향로봉이 만나는 지점이 탕춘대 성곽의 북쪽 끝이다. 거기서 오른쪽 등산로로 접어들면 비봉 능선을 향한다. 여기서부터는 언제 우리가 점잖게 탕춘대 성곽길을 걸어 왔느냐는 듯이 등산로가 까다롭게 비탈지고 오르고 내림이 심하다. 낮은 고도의 평범한 등산로치고는 입석 바위, 공알바위, 낙타바위, 남근바위(?) 등의 괴석 괴암을 짭짤하게 거느리고 있기도 한 비경 중의 비경이다.

   산 모양이 비경인 것은 경사 진 비탈 밑으로 계곡이 깊기 때문이다. 입석 바위, 낙타 바위가 있는 이 등산로를 한 500m 올라가면 포금정사터라는 쉼터가 나온다. 시간은 아직 12시도 안 된 시간이지만 포금정사터에 야외용 식탁이 있어 도시락을 꺼내 놓고 식사를 하였다.

산행수필(50)

물개 바위 비탈

　포금정사터에서는 비봉이 올려다 보이고 비봉쪽 포금정사터 바로 위에는 유명한 물개 바위도 있다. 포금정사터에서 식사를 마치고 바로 비봉 능선을 향하여 등산로를 오른다. 우리 일행 중에 민대장은 원래 프로 찍사(그는 등산 블로그용 사진을 카메라로 찍는다)고, 이사장도 스마트폰으로 사진을 많이 찍는데 나도 요즘 스마트폰 사고 나서 제법 많이 카메라(스마트폰)를 꺼내는 편이다.
　포금정사터 바로 위에 물개 바위가 잘 보이는 지점이 있다. 신록이 우거진 시절에는 물개 바위 포토라인에서도 물개 바위가 거의 안 보인다. 일대가 짙은 참나무숲으로 덮여 있기 때문이다. 그런데 오늘은 물개 바위가 아주 잘 보인다.

스마트폰 카메라에 댄 내 눈이 확 떠지는 느낌이다. 겨울에 갈잎나무 낙엽들이 다 떨어져 버렸기 때문이다. 그러고 보니 입석 바윗길의 풍경도 스산하고 쓸쓸했었다.

물개 바위 촬영 지점에서부터 비봉 능선 깔닥 고개까지의 약 800m 등산로는 죽음의 비탈이다. 비탈이 심하고 바닥이 울퉁불퉁 까다로와 여름에 여기 올 때는 중간에 되돌아 내려가고 싶은 곳이다. 그런데 오늘은 하나도 힘들지가 않다. 물개 바위 포토라인에서 몇 걸음 안 갔는데 벌써 깔딱고개 마루가 눈에 보인다. 아! 겨울산이 낮아졌다.

비봉 능선 비탈의 나무란 나무들은 다 헐벗고 앙상한 줄기와 가지만 남은 채 오들오들 떨고 있다. 한여름의 풍성한 잎새들로 두툼하게 덮여 있던 산 비탈이 앙상한 민낯을 드러내고 있다. 산도 숲으로 뒤덮여 있을 때가 위세가 등등한 것이지 앙상하게 벌거벗겨지니까 위세가 꺾이어 낮은 자세를 취하는 모양이다.

겨울 산행은 영하의 날씨에 행군하는 것이라 땀이 안 나서 좋다. 한껏 낮아진 비봉 능선에 올라 단숨에 비봉 바로 밑 코뿔소 바위에 다다랐다. 코뿔소 바위에서는 사모바위가 바로 건너다 보인다. 비봉(코뿔소 바위)와 사모바위 사이의 비봉 능선 남쪽 비탈은 광대한 계곡 비탈이다. 사모 바위 아래쪽으로 승가사 청기와 지붕도 조금 보인다.

여름 비봉 능선 남쪽 비탈은 녹음이 짙은 곳이다. 그런데 오늘은 일대 풍경이 황량하기 그지없다. 일대 수림이 머리털이 많이 빠진 우리 70대 노인장의 머리통 같은 모습이다. 일대 수림은 소나무군과 갈잎 나무군으로 확연히 구분된다. 비율은 한 2:8, 소나무군이 보이는 곳은 퍼렇고 갈잎나무 지대는 허옇다. 소나무군 지대 면적 보다 갈잎나무군 지대 면적이 절대 우세하니 오늘 북한산 풍경은 전체적으로 헐벗은 풍경이다.

숲은 산의 모든 것을 덮어준다. 그러나 늦가을에서 시작하여 한 겨울로 이어지는 처절한 조락은 산의 모든 것을 발가벗겨 버린다. 모름지기 드러낸다는 것은 엄청난 부끄러움을 감수한다는 것이다. 그러면서도 드러낸다는 것은 솔직하고도 정직한 것을 말한다. 벌거벗은 산은 시간의 진행에 따른 어쩔 수 없는 섭리에 항복하는 패배의 과정이기도 하지만 또 진 것을 인정하고 그렇기 때문에 생명 탄생의 씨앗을 준

비할 수 있는 성실함의 과정이기도 하다.

 겨울 산비탈을 내다보며 코끼리 바위 주변에만 계속 맴돌고 있는 나를 친구들이 여기까지 왔으니 비봉 정상바위에 올라가 진흥왕 순수비를 한 번 손으로 만져보고 인증샷 사진도 찍어야 할 것이 아니냐고 불러댄다. 미끄러운 바위 핑계로 그 자리에 머무르다가 친구들과 합류하여 사모바위 쪽을 향하여 산행을 계속하였다.

산행수필(51)

승가공원 산길

　사모바위는 비봉 능선 일대의 최고가는 랜드마크이다. 눈이 수북이 쌓인 한겨울에도 날씨 좀 좋은 날은 수백명의 등산객들이 모여 도시락을 펼쳐 놓고 식사를 하느라 후착객은 발 디딜 틈이 없는 곳이다. 오늘은 비봉에서 사모바위 쪽으로 가다가 사모바위에 못 미쳐서 승가사 입구로 내려가는 하산길로 접어들어 일찍 하산하기로 한다.　명색이 크리스마스 이브인데 일찍 가서 식구들과 크리스마스 케익이라도 잘라 주님 오심을 축하해야 될 것 아닌가?
　비봉 쪽에서 사모바위 가다가 승가사 입구로 내려가는 비탈길로 한 500m 내려 가니 승가사(僧迦寺)가 나왔다. 나는 여기까지 왔으니 승가사 구경이라도 한 번 하고 내려가는 것이 어떻겠느냐고 관심을 보였다. 대장 이하 다른 팀원들은 관심이 없다는 표정이었다. 대장은 여기서부터 내려가는 길은 시멘트 포장도로이니 여기서 나만 남겨 놓을 테니 천천히 승가사 구경하고 내려 오라고 하고 친구들은 먼저 내려갔다.

승가사 일주문 지나 시멘트 돌계단 108개를 올라가니 파고다 공원 안에 있는 원각사지 10층 석탑과 비슷한 모양의 민족통일호국보탑이 지어져 있는 광장이 있었다. 거기까지만 돌아보고 그 위로 높은 곳에 지어져 있는 사동(寺棟)들은 올라가 보지 못하고 바로 내려왔다.

승가사에서 구기동으로 내려오는 산길은 두 가지가 있다고 한다. 승가사에서 그냥 산행길로 구기탐방 지원센터로 내려가는 길이 그 하나요 하나는 승가사에서 구기동 진흥로까지 이어지는 시멘트 포장의 비상 도로이다. 혼자인 나는 길 잃어버릴 염려가 없는 전장 약 2km의 포장 소로를 따라 내려왔다. 완전히 외톨이였지만 길가의 나무들이 친구해 주었기 때문에 전혀 외롭지가 않았다. 미국의 시인 킬머(Joyce Kilmer)는 '나무는 조물주가 지은 시(詩)'라고 노래하였다.

오늘 승가사 비탈의 겨울나무는 완전히 시요, 종교요, 바로 나의 친구이다. 킬머가 다음과 같이 읊었듯이.

Trees(나무)

Joyce Kilmer(1886~1918)

I think that I shall never see

A poem lovely as a tree.

A tree that looks to God all day,

And lifts her leafty arms to pray;

Upon whose bosom snow has lain;

Who intimately lives with rain.

Poems are made by fools like me,

But only God can make a tree.

(부분생략)

나무처럼 아름다운 시를 본적이 없다.

하늘 향해 두 팔 벌려 온 종일 기도하는 나무.

가지 위에 눈이 쌓이면 그 눈 다 맞고
비바람 칠 때 그 비도 다 맞는 나무
재주 없는 나 같은 시인은 그저 엉터리 시만 쓰고 있지만
하나님은 나무라는 진짜 시를 저렇게 써 놓으셨네.

승가사에서 시멘트 포장 소로를 따라 내려오니 승가공원 지킴터라는 국립공원 시설이 나오고 거기서 더 내려온 곳이 주한 러시아대사관 뒷담 길이었다. 조금내려와 승가공원 종점에서 버스를 타고 오늘 출발점이었던 불광역에 도착하여 지하철을 타고 귀가하였다.

산행수필(52)

도봉산 거북골

　창조경제의 시대라고 하는데 누구의 말을 인용한 것도 아니요, 어느 고전의 명구에서 얻어온 것도 아닌 나 백민 거사의 오리지날 창작의 산물로 정립시킨 등산 명제가 있다. 왈(曰), "북한산은 인간의 작품 중에 최고명산, 도봉산은 신의 작품 중에 최고명산이로다." 왜 그렇게 말할 수 있는가, 북한산은 그 자체로서 아름다운 자연 명산인데, 조선조 숙종 때 거기다가 광대한 산성을 건설해 놓았다. 당시에는 국방시설의 하나로 건설해 놓은 것인데 오늘날에는 시민들이 즐겨 찾는 탐방 명소가 되었다. 북한산성은 북한산의 자연 가치를 전혀 훼손함이 없이 기존의 산세를 이용해 최소한의 시설만으로 그 기능을 다할 수 있게 건설되어 있다. 그래서 탐방 명소로서 산성이 방해가 되기는커녕 오히려 금상첨화가 되어 있는 것이다.

거기에 비하여 도봉산은 어떠한가? 자연 미인 그 자체이다. 성형 수술 한 군데도 한 데 없다. 그런데 절세 미모다. 하나님이 손가락으로 만드신 최고의 조각품 도봉산이다.

도봉산 주능선을 기준으로 보아 보문능선 우이암을 맨 남쪽에 있는 신의 창작품, 다락 능선및 자운, 만장, 선인의 최정상부를 북쪽에 있는 신의 창작품이라고 본다면 중간부에도 의외로 신의 명작들이 많다. 도봉산 중간부의 신의 명작들은 깊고 깊은 계곡들과 빼어난 암봉들이다.

오늘은 2016년 2월 4일 병신(丙申)년 입춘(立春)일인데 도봉산 거북골을 찾아 올랐다. 거북골은 도봉탐방 지원센터를 출발하여 도봉서원 조금 지나서 도봉계곡 옆 길로 올라가다가 갈림길에서 왼쪽 방향 서원교 다리를 건너서 간다. 서원교 건너서 조금가면 금강암(金剛庵)이 나오는데 금강암 모퉁이에서 도봉계곡과 거북골이 갈라진다. 도봉계곡에서 왼쪽으로 난 거북골 계곡을 따라 계속 오르면 황금색의 대불 좌상이 있는 구봉사(龜峰寺)라는 절이 나온다. 그 절문 앞을 흐르는 계곡을 따라가면 우이암 방향의 표지판이 오늘 우리가 답사할 등산로를 안내한다.

70대 노 산객의 다리는 아프고 숨은 차지만 꿋꿋한 인내심으로 뚜벅뚜벅 계속 걸어 계곡 위에 놓인 대덕교(大德橋) 다리를 건넌다. 대덕교 건너 계곡 둑길로 걸으면 다시 계곡을 반대 방향으로 건너는 삼거리교가 나온다. 삼거리교에서는 다리를 건너지 말고 다리 앞에서 옆길로 빠져서 직진으로 올라간다.

삼거리교에서 오르는 거북골 계곡은 비경중의 비경이다. 태고이래 어느 때 계곡에 산 사태가 나 집채만한 바위덩어리들이 굴러 내려 오다가 제멋대로 멈추어 서 있고, 계곡에 꽤 많이 흐르던 물은 아직 추위가 풀리지 않아 얼음 폭포 그리고 소규모의 빙하를 이루고 있다. 바위 골짜기 물가의 가까운 곳은 회초리 같은 관목 숲으로 빽빽히 채워져 있고 양쪽의 산비탈에는 큰 나무들이 고목이 된 채 널부러져 있다. 거북골 계곡은 하나같이 수(水)석(石)송(松)목(木)이 어우러진 별세계이다.

이 그윽하고 깊은 계곡을 한참 오르다 보면 거북바위 즉 거북샘이 나온다. 거북샘은 거북 모양의 집채 만한 바위의 턱 밑에 해당되는 둥그렇게 깊이 파인 공간에 약수터를 조성해 놓은 곳으로 그 약수터의 이름이 거북샘이고 거북샘을 덮고 있는 두꺼비 모양의 큰 바위가 거북바위이다. 지하철 스크린도어 시인 신영균의 "산에 오르니"라는 시가 있다. 그 시의 첫 연(聯)이 이렇다. 혹시 도봉산 거북바위에 올라 지은 시가 아닐까?

산에 오르니 바위틈엔 솔나무 하나
살만 하신가 물었더니
생각해 본 적이 없다 하며
그냥 쉬었다 가라 하더이다.

거북바위는 거북골 산행 코스의 중간 기착지이다. 도봉 주능선 깔딱고개 가는 비탈을 공략하기 전에 앉아서 쉬고 물도 한잔 마시고 간식도 좀 먹고 하는 곳이다. 거북샘은 도봉산 거북골에 있는 '쉴만한 물가'이다.

산행수필(53)

도봉산 물개 바위

   거북샘에서 한참을 쉬고 산행을 계속하였다. 도봉산 산행은 니은(ㄴ)자 형 산행이다. 밑에서 오를 때는 평탄하다가 정상부 가까울수록 가파르다. 거북골 코스가 딱 그렇다. 거북샘까지의 등산로는 평탄한 길이라서 루루랄라 편안하게 올라 올 수 있었다. 그러나 거북샘을 지나면서 부터의 산행길은 전혀 딴판이다.

   거북샘 지나면서부터는 물 흐르는 거북골과는 작별을 하고 능선과 능선 사이 골짜기 부분(물 없는 골짜기)을 직선으로 주파하여 오르는 길인데 그 경사도가 60~70°는 된다. 지그재그도 오르고 내림도 없이 사다리 타고 지붕 오르듯이 줄창 오르기만 해야 된다.

거북샘까지 오를 때보다 몇 배나 힘드는 이 비탈을 허위적 허위적 올라가니 하늘이 조금씩 보이기 시작하고 그러다가 마침내 도봉 주능선 깔딱고개에 이르렀다. 이 깔딱고개는 도봉 주능선의 주요 지점이다. 즉 송추 쪽에서 오는 오봉 능선과 도봉 주능선이 만나는 지점이요 오봉 능선과 거북골 코스가 조우하는 지점이다. 이 지점에서 도봉 주능선을 따라 남쪽으로 가면 우이암이 나오고 북쪽으로 가면 도봉산 최고봉 자운봉에 이른다.

오늘은 자운봉 방향으로 가다가 만나는 물개 바위봉과 칼바위 봉이 일차 목적지이다. 오봉 능선과 도봉 주능선이 만나는 깔딱고개를 출발하여 자운봉 방향으로 산행을 계속한다. 여기서부터 가는 길은 또 하나의 깔딱고개를 만나러 가는 길이다. 거북 샘에서 여기까지 한 40여분간 지겹게 올라왔는데 여기서부터 다시 가파른 비탈을 오른다. 이 비탈의 오른쪽은 기기묘묘한 암벽 비탈이다. 좌우의 산경이 끝내주지만 거기에 눈을 줄 겨를이 없다. 가면서 비탈은 더욱 가파라지고 마침내 막바지 구간에서는 자연 비탈로 가지 못하고 가파른 철계단으로 올라야 된다.

그렇게 해서 철계단 길까지도 주파해 놓고 보면 왼쪽에 물개 바위봉, 오른쪽에 칼바위 봉(능선)의 두 명봉의 사이에 있는 깔딱고개에 이른다. 그 깔딱고개 마루에서 한숨 돌릴 사이도 없이 왼쪽 바위 비탈을 기어오르면 물개 바위봉이 나온다. 물개 바위봉은 아름다운 암봉이다. 그렇게 높지는 않지만 오르는 길이 가파르고 반대편의 낭떨어지는 다람쥐 조차도 오르내리기 어려운 바위 절벽이다. 그 바위 절벽의 꼭대기에 돌 물개 한 마리가 똬리를 틀고 있다. 절벽의 바위틈, 오름 비탈의 바위틈에 예외 없이 소나무와 떡갈나무들이 자라고 있어 물개 바위봉은 전체적으로 한폭의 암수화(巖樹畵)이다.

물개 바위봉은 그 자체로 그렇게 높지 않은 암봉인데 그 전망은 끝내준다. 전후 좌우에 그 보다 훨씬 높고 우람한 도봉산 명봉들이 즐비한데도 묘하게 이 물개 바위봉에서는 사방 팔방 360°의 모든 방향에서 일대의 산야가 다 내려다 보인다.

披祥雲而 覩靑天(피상운이 도청천)

登高山而 望四海(등고산이 망사해)

상서로운 구름을 헤치니 푸른 하늘이 보이고

높은 산에 오르니 사해가 다 보이도다.

(※장자에 나오는 구절인데 명심보감 근학편에도

인용되어 있다.)

바로 이런 경지다.

물개 바위봉 정상에 앉아 있으면 전망도 좋지만 웬지 마음이 편해진다. 왜그런지 그 이유는 설명이 되지 않는다. 그냥 그 장소의 '기운'이 그렇다. 누구나 와서 자연의 묵시를 배우고 편안히 쉬다 가는 이 물개 바위봉은 도봉산의 빼어난 명봉들 중에서 또 하나의 명품이다.

산행수필(54)

도봉산 칼바위

  도봉 주능선의 등허리 부분은 조물주의 동산 천지이다. 비너스의 동산, 에덴 동산, 발기의 동산…. 물개 바위봉 탐방을 마치고 깔딱고개 쪽으로 다시 내려오면 맞은 편에 칼바위봉이 기다리고 있다. 물개 바위봉과 칼바위봉은 적당한 거리를 두고 마치 쌍둥이 형제 처럼 마주 보고 서 있다. 높이도 비슷하고 산형도 C 컵 브라형으로 봉긋하게 올라온 것이 두 봉은 완전히 비너스의 젖무덤이다. 비너스의 왼쪽 젖무덤에 올라 보았으니 이번에는 오른쪽 젖무덤에 올라볼 차례이다.

  칼바위봉 정상은 깔딱고개에서 물개 바위봉의 반대편 비탈로 조금 오르면 나온다. 방금 칼바위봉을 비너스의 한쪽 젖무덤이라고 가볍게 소개했지만 도봉산 칼바위봉은 그렇게 간단한 봉우리가 아니다. 칼바위봉은 칼바위 능선 코스의 종점에 해당되는 암봉인데 칼바위 능선 코스는 도봉산 산행코스 중에서 최고로 유명한 코스이다. 필자는 그 코스를 직접 공략할 실력이 턱 없이 부족하기 때문에 우회 등산로를 따라 걸어 올라와 있는 것이다.

칼바위 능선 코스는 험준하기로 악명 높은 코스이다. 실제로 이곳에서는 몇 년전에 도봉산 다람쥐라는 별명을 가진 나이 지긋한 산객이 코스를 공략하다가 미끌어져 떨어져 죽은 일이 있다. 그래서 웬만한 프로 산꾼들도 이곳에 도전할 생각을 안한다. 사람의 발길을 허용하지 않는 곳이니 경치야 얼마나 수려하고 깨끗하랴. 그래서 나 같은 실력이 약한 산객은 사다리 타고 우회로로 올라와서 칼바위 능선을 굽어보며 군침만을 흘릴 뿐이다.

칼바위봉 정상에서 칼바위 능선을 내려다 보고 있노라면 이것이 과연 등산 코스가 될 수 있나 하는 의문이 든다. 능선 코스 즉 길(道)이라고 하기에는 능선을 이루고 있는 일련의 암봉들이 저마다 뾰죽뾰죽한데 그 상호 간격은 뚝뚝 떨어져 있어서 도저히 개념적 연결성이 그려지지 않는다. 그 암봉과 암봉들 사이에 징검 다리 역할을 하는 칼끝 같은 바위 브리지들이 있겠지만 그것들은 숲으로 덮여 있어 이곳에서는 잘 들어나 보이지는 않는다.

  금단의 열매는 더 맛있고 금지된 구역은 더 들어가 보고 싶은 것이 사람의 심리다. 하지만 이곳만은 안 된다. 내가 만일 백마 탄 왕자라면 잠자는 숲속의 공주를 따뜻한 입맞춤으로 깨울수 도 있으련만 그러나 이 정도의 선에서 멈추는 것이 좋다. 도봉산 비너스 공주는 나만의 공주가 아니고 도봉산을 사랑하는 수 많은 산객들의 공주이기도 한데 아름다운 자태로 그냥 잠자게 놓아 두는 게 좋겠다. 천년 만년 도봉산이 거기 있는 한 이 아름다운 산경은 그대로 유지 돼야 한다.

    북한산 칼바위는
    산객들의 발길을 허용이라도 하더니
    도봉산 칼바위는
    아예 발길을 허용조차 않는구나
    칼날 같이 서늘하고 서릿발 같이 날카로와

정내미가 떨어지지만 그래도 나는 네가 더 좋다

콧대가 높은 네가 더 경이롭기 때문이다.

산행수필(55)

비너스의 배꼽

 칼바위봉 정상에서 칼바위 능선의 반대쪽 즉 자운봉 방향을 쳐다보면 바로 눈앞에 도봉산 배꼽 바위봉이 보인다. 즉 물개 바위봉과 칼바위봉이 비너스의 두 젖무덤이라고 본다면 그 젖무덤 아래로 비너스의 배꼽이 있는 것이다. 비너스의 배꼽은 미녀의 요염한 배꼽 모양이라기 보다는 통통하게 살찐 배꼽참외 같이 복스럽게 생긴 모습이다. 물개 바위봉과 칼바위봉 사이의 깔딱고개에서 바로 올려다 보이는 반들반들하고 하얀 바위봉.
 일행은 칼바위봉 탐방을 마치고 그 깔딱고개로 다시 내려와 배꼽 바위봉 탐방을 위하여 산행을 계속하였다. 그 깔딱고개에서 배꼽 바위봉은 진행 방향으로 바로 올려다 보이기 때문에 그냥 보기에는 그 방향으로 직진해서 올라갈 수 있을 것 처럼 보인다. 그러나 그 배꼽 바위봉은 거기서 바로 올라갈 수는 없고(미끄러운 암벽이라) 깔딱고개 길에서 왼쪽 아래쪽으로 난 잔도를 통하여 우회해서 올라야 된다. 배꼽 바위봉 쪽으로 올라가기 위하여 깔딱고개 길 왼쪽으로 난 가파른 잔도를 타고 계속 내려가야 된다. 산에 오르는 것이 아니라 아예 산을 내려가고 다시 오르지 않을 듯이 계속 내려간다.

그러다가 어느 지점에서 다시 올라 붙어 배꼽 바위산을 완전히 우회한 부분에서 도봉 주능선을 다시 만나는 것이다. 배꼽 바위산 북쪽 주능선 지점에서 배꼽 바위 또는 병풍 바위라고 부르는 그 산봉으로 미끄러운 비탈을 기어 올라 마침내 배꼽 바위봉 정상에 올랐다.

배꼽 바위는 병풍 바위라고도 불리는데 산위에서 보면 배꼽이지만 용어천 계곡 쪽에서 올려다 보면 배꼽봉 밑으로 수직의 바위절벽이 병풍처럼 펼쳐져 있는 산봉이기 때문이다. 오늘 필자는 병풍처럼 보이는 지점에서 올라온 것이 아니라 뒤로 우회로로 해서 산 정상에 올라와 있기 때문에 이곳에서는 발밑에 천인단애의 절벽 병풍은 볼 수가 없다.

　배꼽 바위봉은 자운, 만장 등 도봉산 최정상부의 명봉들에 대한 전망처(展望處)이다. 즉 배꼽 바위봉에서 북쪽방향 즉 자운, 만장 등 도봉산 최정상부 쪽을 보면 만장은 맨 오른쪽에 보이고 그 왼쪽으로 자운봉 정상이 보이고 다시 그 건너편에 신선대, 신선대 건너편에 뜀바위봉이 올려다 보인다. 다시 화면의 오른쪽 중간부에는 뜀바위봉을 정면에서 올려다 볼 수 있는 위치에 있는 에덴동산이 보이고 이 장엄 수려한 화면의 전경(前景)에는 유명한 기둥바위봉(柱峰)이 아직은 다 보여줄 수 없다는 듯이 그 뒷태만을 보여주고 있다.

　이곳은 높은 곳이라 계곡이 아니라서 물은 볼 수 없으니 이 그림은 산수화(山水畵)가 아니라 암수화(巖樹畵)이다. 수려한 기암, 괴석, 절벽의 아기자기한 암산들과 암봉들, 운치있게 아름다운 수림들이 필요한 절경을 연출하면서 암봉의 화면 가치를 2000% 높여주고 있다. 대체로 수목에 반쯤 싸인 바위산을 그린동양 산수화의 아래쪽 구석에는 신선들이 바둑을 두든가 계곡에서 물놀이를 하든가 하여튼 인간의 모습이 들어가는 것이 보통이다. 여기 도봉산 한 폭의 암수화도 예외는 아니어서 신선대 안전 난간에는 지금도 사람들이 몇 명 붙어서 꼬물꼬물 움직이는 모습이 보인다.

또 만장봉의 아래쪽으로 원래 신선대 뜀바위봉을 올려다 보기 좋은 곳인 에덴동산의 옆모습이 여기서 환히 내다 보인다. 에덴동산에는 아름다운 바위봉에 소나무 한 그루 그림같이 서있고 그 아래로 한두명의 산객이 움직이고 있다. 초록색 등산복을 입은 아담과 주황색 등산복을 입은 이브이다.

여기서 보이는 도봉산 주봉-신선대-만장봉-에덴동산의
경치,
사진을 보고도 말하지 말고
비디오를 보고도 말하지 말라.
그림을 보고도 말하지 말고
배꼽 바위봉까지 올라와
두 눈으로, 직접 와서 보고 말하라.
"아!"- 이 한마디가 이곳 경치를 말하는
단어도 되고 문장도 되리라.

산행수필(56)

도봉산 기둥바위

배꼽 바위봉에서 유명한 기둥바위(柱峰)를 보기 위하여 자운봉 방향으로의 산행을 계속하였다. 배꼽 바위봉에서 주봉 쪽으로 가는 등산로는 한 300~ 400m 거리의 아름다운 도봉 주능선 길이다. 이 등산로는 완전히 롤러코스터 등산로이다. 뾰죽뾰죽 올라온 암릉의 위로 옆으로, 오르락 내리락, 삐뚤빼뚤, 요 모퉁이 조 모퉁이를 돌아가는 등산로이다. 등산로의 길을 잘 모르고 주봉의 참 가치를 모르는 등산객은 자칫 지나치기 쉽게 주봉은 기본 능선길에서 오른쪽으로 약간 벗어나 있는 지점에 위치해 있다.

주봉을 보려면 기본 능선길에서 동쪽 아래쪽으로 조금 내려가면 된다. 기본 능선길에서 내려가면서 보이는 주봉의 정면 모습은 일견 도봉산 최고봉인 자운봉 을 닮은 듯하다. 즉 넓적 넓적하거나 규모가 큰 바위 덩어리가 뭉쳐지면서 서로 밀착되어 얹혀진 상태로 공중위로 솟아 있는 것이다. 그런데 주봉을 약간 볼 줄 아는 사람은 주봉을 이 방향에서 보는 데 그치지 않고 주봉 정면에서 관찰자 방위기준으로 왼쪽으로 돌아서 낮은 지점으로 내려가서 주봉을 올려다 본다.

이 시점(視點)에서의 주봉은 그 옆 모습을 보여주는 것인데 이 시점에서의 주봉은 하늘을 향하여 치솟은 거대한 오벨리스크(obelisk)의 기념탑이다. 아니 나같이 세속에 찌든 눈에는 하늘을 향하여 발기한 우람한 남근(男根)으로 보인다. 이 시점에서 보면 남근이 그 뿌리 부분부터 위로 올라가면서 그 맨 끝의 부리 부분까지 다 보이는데 그 발기된 기세는 인근(人根)이라기 보다 마근(馬根)의 기세요, 돌로된 자연물이라기 보다는 그 자체가 불뚝불뚝 살아 있는 육체다.

놀라운 자연물이다. 자연물이면서도 신이 조각한 최고의 예술품이다. 위대한 자연물이나 훌륭한 예술품에는 스토리가 있어야 된다. 신이 조각한 놀라운 자연물이라 하여 그렇게 위대한 묵시(默示)로만 해석해야 한다는 법은 없을 것이다. 이게 어디에 쓰는 물건일꼬? -기둥 바위의 그 신묘망칙한 모습은 나로 하여금 부질 없이 풍속영화의 한 장면 속으로 들어가도록 유도한다.

마침 여기서 얼마 떨어져 있지 않은 오봉 옆 송추 남능선에 유명한 여성봉이 있다. 마치 옹녀의 거시기 같이 섹시한 여궁(女宮)을 과감하게 노출시키고 있는 또 하나의 도봉산의 신물(神物)이다. 생각은 거기까지 진행한다. 그러면 그렇지 조물주가 이 깊고 아름다운 도봉산에 여궁 조각품 한나만 덩그러니 만들어 놓고, 그것에 짝할 신랑 바위를 만들어 놓지 않았을 리가 없다. 주봉의 옆 모습은 영낙없는 옹녀의 짝 변강쇠의 거시기 모양이다.

불과 2km 남짓의 거리를 두고 서로 마주 보고 서 있는 여성봉과 주봉- 이 두 석물 사이에 벌써 은밀한 통간이 이루어졌는지는 모르겠으나 아직도 둘 사이에 교감이 이루어지지 않았다면 오늘 우리 산행팀이 잘 연결 시켜 주고 술 석잔이나 얻어 마시고 내려갈까 싶다.

주봉의 앞 옆에서 이 기묘하고 기세 등등한 자연 예술품을 실컷 감상하고 시간이 많이 흘렀기 때문에 하산길로 접어들기 위하여 신선대 쪽으로 진행하였다. 신선대쪽으로 조금가다가 도봉 주능선 길을 버리고 오른쪽 계곡 방향 비탈길로 접어든다. 거기서 400~500m를 내려 오니 마당바위가 나오고 마당바위에서 다시 2~3km쯤 걸어 내려오니 아침에 지나온 도봉서원 앞길이 나왔다.

오늘 토탈 약 10km 산행, 거북샘, 물개 바위봉, 칼바위봉, 배꼽 바위봉, 주봉 등 도봉산 5개 명소를 탐방하는 입춘대길(立春大吉) 건양다경(建陽多慶)의 대장정을 마치고 귀가하였다.

산행수필(57)

관악산 신록예찬1

"봄, 여름, 가을, 겨울; 두루 사시(四時)를 두고 자연이 우리에게 내리는 혜택에는 제한이 없다. 그러나 그 중에도 그 혜택을 풍성히 아낌 없이 내리는 시절은 봄과 여름이요, 그 중에서도 그 혜택이 가장 아름답게 나타나는 것은 봄, 봄 가운데도 만산(萬山)에 녹엽(綠葉)이 우거진 이 때일 것이다."

고교 때 교과서에서 배웠던 이양하님의 수필 "신록예찬"의 첫 구절이다. 바로 이 신록의 계절 2016년 4월 28일 몇몇 산 친구들과 함께 관악산을 찾았다. 아침 10시에 지하철 4호선 과천청사 역에서 친구들과 만나 국사편찬위원회 울타리 옆으로 난 쪼브라운 등산로를 따라 문원 폭포를 먼저 찾았다.

이양하 님의 수필 "신록예찬"에서는 5월이 바로 신록의 계절이라고 하는데 우리가 오늘 문원 폭포 길로 오르는 날은 5월이 되기 전에 이틀이 모자라는 4월 28일. 날씨는 청명하고 바람은 살랑살랑 부는데 산록의 초목은 파릇파릇 야들야들, 아직 푸른 색도 아니고 그렇다고 노란색도 아닌 연초록- '잎'이라고 하기에는 이제 막 새순의 단계를 벗어난 '이파리'의 상태이다.

문원 폭포의 철쭉

한 두 주 전 이곳에 왔을 때는 이곳은 진달래 동산이었다. 두 주 만에 진달래는 철쭉으로 변했다. 진달래는 잎이 피기 전에 꽃이 먼저 핀다. 오늘은 진달래는 벌써 시들고 철쭉이 피었는데 연초록 새 잎과 연분홍 꽃잎이 한꺼번에 피어오르고 있다.

관악산 철쭉은 산철쭉이 아니라 그냥 철쭉이다. 산철쭉은

꽃 색깔은 진분홍인데다가 꽃잎은 무궁화 잎 모양으로 조그맣고 갸름하게 다닥다닥 붙어 있어 약간 사나워 보인다. 산철쭉은 이름과 다르게 산에서 피는 토종 철쭉이 아니라 정원용으로 개량하여 놓은 인공 재배 철쭉이다. 오늘의 관악산 철쭉은 자연산 토종 철쭉으로 연분홍 꽃잎에다가 나뭇잎은 다섯 잎 클로버를 수십배 확대시켜 놓은 모양이다. 타원이 아니라 정원에 가까운 녹엽 다섯 장이 가운데 꽃대를 중심으로 5각형으로 배열되어 있다.

꽃잎은 철쭉이라기보다는 오히려 진달래에 가깝다 할 정도로 연약한데다가 하늘하늘하다. 나뭇잎은 이게 철쭉나무 잎인가 싶을 정도로 넉넉히 널찍한데다가 새순 나올 시기에 피어 올라온 잎이라 부드럽고 청순하다. 연 분홍 저고리에 연초록 치마로 단장한 새치름한 산색시의 모습이다.

사실 오늘 찾은 문원폭포 길의 철쭉은 식생의 수가 그렇게 많은 것은 아니다. 꽃 보다는 주로 나무들로 채워진 계곡 길이다. 그런데 왜 이렇게 아름답지? 마음속에 이런 자문(自問)이 인다. 그에 대한 자답(自答)은 갓 피어나는 연초록의 나뭇 잎들이 꽃보다도 더 아름답기 때문이다. 오늘 이 일대는 꽃보다 아름다운 녹색의 장원이다.

　문원폭포에서 왼쪽으로 가면 6봉 능선이 나오고 직진하면 계곡 길을 따라 관악산 최고봉인 연주대에 다다를 수 있다. 문원 폭포에서 오른쪽으로 틀어 올라가면 연주대 방향 등산로가 된다. 오늘은 문원 폭포 오른쪽 방향 능선 코스로 오르기로 한다. 문원폭포 바로 밑의 마당바위 갈림길에서 우회전해서 오르는 등산로 비탈을 조금 오르면 "일명사지"라는 절터가 나온다.

산행수필(58)

관악산 신록예찬2

'일명사'라~, 절 이름 좋다고 나름대로 시적인 해석을 해보려고 표지판을 보니 '감출 일(逸)'자 '이름 명(名)'자… '이름을 알 수 없는 절'이라는 뜻이라고 한다. 나는 일명스님이라는 유명한 스님이 세운 절의 터라는 뜻으로 오버센스 했다. 나는 너무 많이 아는 척 하는 게 탈이다.

일명사지를 지나 암릉이 섞인 오솔길 등산로를 오른다. 오솔길 비탈을 조금 오르면 뚜렷한 이름은 없지만 나름대로 아름다운 능선에 다다른다. 능선길은 숲 비탈을 가다가 문득 가파른 소암봉이나 기묘한 모양의 명물 바위들과 조우하는 코스이다. 길가에는 철쭉, 참나무, 떡갈나무 등 활엽수류의 잡목들이 나름대로 제 모습을 뽐내고 있다.

관악산 이쪽에는 유난히 노간주 나무가 많이 자라고 있다. 노간주 나무는 억세기만 하고 모양 다리도 없는 나무이다. 진녹색의 상록 수림으로 측백 나무 비슷한 몸체에 바늘 같이 날카로운 잎이 다닥다닥 붙어 있다. 바람 맞이 척박한 바위 틈새에서도 어떻게든 살아 남기만 하면 된다는 듯이 아무렇게나 생긴 바늘 잎 가지들을 제 멋대로 뻗치고 있다.

일명사지에서 한 200m쯤 올라 능선길에 다다르면 능선길 말랭이에서 신기하게 생긴 '어부바 바위'가 우리를 기다린다. '어부바 바위'는 공식 이름이 무엇인지 모르는데 내가 그냥 임시로 붙인 이름이다. 코끼리 몸체 같은 엄마 바위 등 뒤에 누에 번데기 같기도 하고 럭비공 같기도 한 커다란 바위가 서울 쪽을 향하여 손가락 질 하듯이 얹혀 있다.

어부바 바위 기점으로부터 관악산 정상(632m)까지는 주요 지점 마다에 119 위치 번호 말뚝이 꽂혀 있어 정상 까지의 남은 거리를 알려주고 있다. 어부바 바위에서 정상까지는 약 1.6km가 남았다. 날씨는 쾌청, 바람은 산들산들 부는데 연초록의 갈잎 나무 숲을 올라가는 이 능선 코스는 마치 천국의 계단을 걸어 오르는 것 같다.

이렇게 한 참을 걸어 오르면 일명사지 능선이 케이블카 능선과 만나는 지점에 다다른다. 관악산 케이블카 능선은 원래 '자하능선(紫霞稜線)'이 정식 이름인데 자하능선 위로 케이블카 시설이 설치되어 있기 때문에 케이블카 능선이라고 불린다. 관악산 케이블카는 관악 시청 뒤쪽의 삭도 기점으로부터 관악산 정상 근처의 KBS 송신탑(지상파 3사 송신탑)이 있는 지점까지 왕래하는 케이블카이다. 일반 시민이 탈 수 있는 것은 아니고 방송 장비 및 시설 자재 운반용이라고 한다.

케이블카 능선 등산로는 과천 구세군 군영(교회) 뒷 뜰에서 시작되는 등산로인데 케이블카가 설치되어 있다는 점이 흠이긴 하지만 등산로로서는 아름답기 짝이 없는 명 코스이다. 아기자기 오르락 내리락 코스의 시작부터 끝까지 등산로 바닥은 온통 용암 능선이다. 불그죽죽한 게 지질시대에 거대한 화산 폭발로 벌건 쇳물 같은 용암이 흘러 내려 오다가 그대로 굳은 모습이다. 돌바닥, 돌 언덕, 돌 절벽 사이로 소나무 참나무 싸리나무 진달래 철쭉, 높은 나무 낮은 나무 비뚤어진 나무 곧은 나무 이름 모를 야생초, 야생화 등이 제멋대로 자라고 있으니 한 마디로 '참 아름다운 주님의 세계' 이다.

  일명사지 능선과 케이블카 능선이 만나는 지점에는 119 위치 번호 3.6인 다섯번째 케이블카 철탑이 놓여 있다. 숲속의 철탑은 숲속에 놓여 있어 풍광이 그렇게 꼴 사납지 않다. 케이블카 철탑 위로는 공중에 높이 떠 있는 이 일대의 명물 '새 바위'가 보인다. 새 바위봉 정산은 새 부리 모양의 암봉이다. 새 바위는 모양이 새 부리일 뿐 아니라 실제로 새들이 날아와 날개를 퍼뜩이며 비행한다. 하늘 위에는 흰 구름이 둥실 떠 있고 이 일대는 글자 그대로 춘풍(春風), 비연(飛燕)의 선경이다.

    遲日江山麗(지일강산려)
    春風花草香(춘풍화초향)
    泥融飛燕子(이융비연자)
    沙暖睡鴛鴦(사난수원앙)
    해는 차차 길어지니 강산이 빛나고
    봄 바람 살랑 부니 화초 향이 그윽하다.

해동한 땅 위로 제비가 날아들고

따스한 물가에선 원앙이 노니도다.

(두보(杜甫)의 시 '절구2수(絶句二首)'중 첫째 수)

산행수필(59)

관악산 신록예찬3

다섯 번 째 철탑을 지나 여섯 번 째 철탑이 보이는 방향으로 산행을 계속한다. 여기서의 산행은 능선 산행이 아니라 절벽 기어오르기 산행이다. 여섯 번 째 철탑은 은하수 언덕인 양 하늘 높이 걸려 있고 다시 그 너머로는 케이블카의 종착점 3개 방송사 송신탑이 우뚝 서 있다. 숲 속의 뾰족한 암봉들, 발끝으로는 바위틈을 디디며 손으로는 돌 틈새의 나무 등걸을 부여 잡고 기어 올라 여섯번 째 철탑에 도착했다. 거기는 한 숨 돌리며 쉬기에 좋은 곳이다. 거기서는 과천 일대, 대공원 뒷편의 광활한 청계산 비탈이 다 내다 보인다.

아침 10시에 대공원역 출발하여 문원 폭포, 일명사지 새바위 기점을 휘휘 둘러 이곳까지 도착하니 시간은 벌써 12

시 30분, 두 시간 넘게 산비탈을 헤맨 끝이라 주저 앉아 한숨을 크게 쉰다. 앉은 채로 일어나고 싶은 생각이 꿈에도 없지만 웬수 같은 등산 대장은 갈 길을 재촉한다. 끙끙 소리 내며 일어나 송신탑이 보이는 방향으로의 산행을 계속한다. 등산의 공식은 항상 평탄부를 조금 가다가 어느 지점에 가서는 절벽 같은 비탈을 만나게 된다는 것이다. 여기서도 꼭 그렇다 여섯 번 째 철탑을 뒤로 하고 일곱 번 째 철탑이 보이는 방향으로 오르는 경사면은 아까의 여섯 번 째 철탑에 오를 때보다 한 술 더 뜬다.

다시 그렇게 기어 오른 끝에 만나는 지점은 케이블카능선 코스가 옆으로 꼬부라져 연주암 방향으로 휘는 지점이다. 사실상 여기가 케이블카 능선 코스의 종착점이다. 이 케이블카 능선 코스의 하일라이트 지점에 유명한 두꺼비 바위가 있다. 두꺼비 바위도 아까 저 밑에서 만났던 어부바 바위와 비슷한 조형으로 서울 쪽을 향하여 고개를 들고 서 있다. 크기는 어부바 바위와는 비교가 안될 만큼 크고 펑퍼짐한 거석인데 얼핏 보면 두꺼비가 두 다리를 엉거주춤 벌리고 엎드린 모양이다.

두꺼비 바위는 케이블카 능선 코스의 랜드마크다. 케이블카 능선 코스로 올라온 등산객은 이 지점에서 한 숨 돌리고 직진해서 지상파 방송 송신탑 쪽으로 가든가, 왼쪽으로 꼬부라져 가면 육봉 능선, 팔봉 능선 쪽을 밟을 수 있고 오른쪽으로 가면 연주암(庵), 그리고 그 윗쪽의 관악산 최고봉인 연주대(臺)로 오를 수 있다. 모든 길은 로마로 통한다 하듯이 이 일대의 등산로는 모두 두꺼비 바위로 통한다.

일행은 두꺼비 바위에서 늦은 점심 식사를 하고 연주암 방향으로 진행하였다. 두꺼비 바위에서 연주암을 가려면 송신탑 방향으로 조금 오르다가 연주암 갈림길에서 오른 쪽 방향의 등산로로 한참 내려 가면 된다. 연주암에서는 공짜 점심 공양을 받을 수 있다(천수관음전). 연주암은 암자(庵子)라고 하기에는 규모가 큰 불사(佛寺)이다. 우연인지 모르나 필자가 연주암에 갈 때마다 연주암에서는 스피커에서 부모은중경(父母恩重經)을 낭송하는 소리가 들린다. 돌아가신 우리 부모님 생각을 하면서 잠시 마음이 숙연해 진다.

이양하(李敭河)님의 수필에서는,

"사실 이 즈음의 신록에서는 우리 사람의 마음에 참다운 기쁨과 위안을 주는 이상한 힘이 있는 듯하다. 신록을 대하고 앉으면 신록은 먼저 나의 눈을 씻고, 나의 머리를 씻고, 나의 가슴을 씻고, 다음에 나의 마음의 모든 구석을 하나 하나 씻어낸다."

라고 예찬하고 있다.

신록이 우거진 연주대 앞마당에서 부모 은중경의 낭낭한 낭송 소리를 들으니 나의 속된 마음속 까지도 깨끗이 씻겨 나가는 느낌이다.

연주암 앞마당에 있는 종무소 툇마루에 앉아 잠시 다리를 쉬다가 연주대(臺)를 향하여 산행을 계속하였다. 연주암 쪽에서 관악산 정상부(頂上部)쪽을 올려다 보면 죽순이 솟아 오른 듯한 기암 절벽이 보이고 그 위에 제비집 같이 지어진 작은 암자가 보이는데 그 암자가 자리잡고 있는 터가 연주대(戀主臺)이다.

'임금님을 그리워하는 토대'라는 뜻을 담은 연주대의 유래는 멀리 고려 때 의상대사에게까지 거슬러 올라간다. 신라 때(문무왕 17년, 677년) 여기에 터를 조성하여 암자를 세운 사람이 의상대사(義湘大師)였고 그래서 처음 이름은 '의상대'였다. 나중에 고려가 멸망하였을 때 조선을 반대하며 고려에 충성을 다 하던 유신(遺臣)들이 이곳에 모여 멀리 개경쪽을 바라보며 고려를 그리워 하였다고 하여 연주대(戀主臺)라는 이름이 붙었다고 한다.

 이 연주대와 관련된 또 다른 설화는 조선 태종 때 왕위를 아우에게 양보한 첫째 왕자 양녕대군과 둘째 왕자 효령대군에 관한 일화와 연결된다. 즉 태종이 셋째 왕자 충녕대군(후에 세종대왕)을 세자로 책봉하여 왕이 되도록 하자 이들 두 대군은 궁을 나와 관악산에 입산 수도함으로써 아우인 세종대왕을 간접 지원하였다고 한다. 이들은 이곳에 올라와 서울쪽을 바라보면서 임금님 계신 궁을 그리워 하였다고 한다.

산행수필(60)

관악산 신록예찬4

　연주암에서 연주대(629m)까지 오르는 길은 가파른 돌 계단 길이다. 몇 백 계단이 되는지 다음에 갈 때는 세어 봐야 되겠다. 직선 거리는 얼마 아닌데 참 가파르고 힘들다. 다리를 몇 번 쉬면서 오르다 보면 거의 다 가서 전망대(포토존) 쉼터가 있다. 거기서는 연주대가 올려다 보이며 연주대 낭떨어지의 죽순 모양의 암주군(岩柱群) 위에 제비집 같이 지어진 작은 암자 응진전(應眞殿)이 보인다. 연주대 올라가는 계단길에 세워진 전망대 쉼터는 안전 난간이 투명 유리로 되어 있어 마치 공중에 떠 있는 비행 접시 같은 모습이다.

　전망대 쉼터에서는 투명 유리를 통해서 아래 쪽이 환히 내려다 보인다. 내려다 보면 방금 올라온 연주암도 보이고 약간 왼쪽 아래로는 관악사지(冠嶽寺祉)라는 절터도 내려다 보인다. 관악사지는 원래 신라 때 의상대사가 창건한 절 '관악사'가 있던 자리인데 조선에 들어 태종의 둘째 아들 효령대군이 그 '관악사'를 지금의 연주암 자리로 옮겨 세우고 이름도 연주암이라 하였다 한다.

비행접시 같은 전망대 쉼터에서 전후 좌우를 다 내려다본 뒤 다시 가파른 계단을 올라 관악산 정상부인 연주봉에 오른다. 연주봉은 관악산의 정상부를 이루고 있는 거대한 돌산, 엄청난 암릉이다. 평면 면적이 아마 가로 30m×세로 30m해서 총 900m² 쯤 되는 네모 반듯한 암릉이 한 60°각도로 비스듬하게 비탈을 이루고 있는 암릉 광장인 것이다. 그 암릉 광장의 한 복판에 관악산 정상 표지석이 세워져 있는데 거기에는 '관악산 629m'라고 새겨져 있다.

이 표지석에 근거하여 공식적으로는 관악산 정상의 해발고도는 629m인 것으로 알려져 있다. 그러나 측량 기준점에 근거해서 관악산 최고봉을 실측하여 보면 연주봉 인근의 기상관측소 연결 통로 옆에 있는 불꽃 바위가 관악산 최고봉으로서 그 높이가 632m라고 한다. 그러면 이 연주봉 지역에서 정확하게 연주대(臺)라면 어느 지점을 말하는가? 연주대는 정상 표지석이 있는 암릉 광장의 오른쪽 끄트머리에 있다. 연주봉 비탈에서도 제일 높은 곳 오른쪽 절벽 위에 있다. 절벽위에 제비집 같이 작은 암자가 지어져 있는데 그 암자가 자리잡고 있는 터가 연주대(戀主臺)이다. 그 연주대 위에 응진전이라는 작은 암자가 지어져 있는 것이다.

관악산 연주봉 일대에는 날씨 좋은 휴일이나 사월 초파일 부처님 오신 날 같은 명절에는 등산객이 수백 명씩 모여 바글거리면서 사진도 찍고 도시락도 먹느라고 북새통이다. 오늘은 좀 한적하여 연주봉 일대를 좀 찬찬히 돌아보기로 하였다. 먼저 정상 표지석에서 인증샷을 찍고 암릉 비탈을 밟아 올라 연주대 응진전 쪽을 가 보았다. 응진전의 지붕은 옆면에서 볼 때 사람인(人)자 모양의 맞배 지붕이며, 석가모니의 나한들을 모시는 불당이라 한다. 천길만길 낭떨어지 위에 지어진 이 집, 연주봉 암릉 광장 끝의 바위틈을 비집어서 낸 입구를 지나 응진전 안쪽을 들여다 보니 총 넓이가 3평 정도밖에 안 돼 보이는 좁은 공간에서 몇 명의 여자 보살들이 불단 쪽을 향하여 손을 합장한 자세로 앉아 열심히 불경을 독송하고 있었다.

　응진전은 그 밑에 있는 연주암 사찰과 가까이 있는 암자이기 때문에 연주암의 부속 암자인가 그렇게 생각하기도 하는데 사실은 연주암의 부속 사찰이 아니라 과천 국사편찬위원회 뒤의 작은 사찰 보광사(普光寺)의 부속 사찰이라고 한다.

　응진전에서 빠져 나오니 말바위라는 이름의 기암이 버티고 있었고 그것에 연결되어 암릉 광장의 최고 끝 언저리인 칼능선이 이어져 있었다. 외줄타기 하듯이 조심조심 뒤뚱뒤뚱 칼능선을 밟아나가면 그 끝에는 사실상 관악산 최고봉인 물두멍 바위에 다다른다.

　이 물두멍 바위 지점이 631m라고 하니 명목상 관악산 정상인 불꽃바위 끝 632m에 비하여 1m가 모자라지만 사실상의 관악산 정점이 이곳이다. 사람이 자연스럽게 밟을 수 있는 관악산의 최고봉이기 때문이다. 신록의 계절, 계절의 여왕이라고 하는 5월1일을 이틀 앞둔 오늘 싱그러운 연초록의 향기에 취해 피곤한 줄도 모르고 마침내 관악산 최고봉인 물두멍 바위까지 올라온 오늘의 등로였다.

　관악산 정상에 올라 사방에 펼쳐진 노랑 병아리 같은 연초록의 신록을 내려다 보노라니 피천득 선생의 시(?), 수필(?) '오월'의 글귀가 떠올랐다.

(전략)

5월은 무엇보다도 신록의 달이다.

(중략)

신록을 바라다 보면

내가 살아 있다는 것이 참으로 즐겁다.

내 나이를 세어 무엇하리,

나는 5월 속에 있다.

연한 녹색은 나날이 번져가고 있다.

(후략)

산행수필(61)

관악산 낙성대 코스1

관악산 정상 쪽을 과천 쪽에서나 서울대 쪽에서는 몇번 올라 보았으나 낙성대 쪽에서 올라본 일은 별로 없었는데 오늘은 이 코스를 도전해 보기로 하였다. 낙성대 코스는 2호선 낙성대역에서 시작된다. 낙성대역 2번 출구에서 나와서 인헌 재래 시장과 현대 아파트 단지 앞 인헌길을 인도를 따라 죽 올라가면 산쪽으로 삼정 그린빌이라는 조그마한 아파트가 나오는데 아파트 벽 옆으로 산쪽으로 좁은 등산로 입구가 연결되어 있다.

등산로 초입에 서있는 등산 안내판에 나타난 지도에 의하면 우리는 낙성대 능선이라는 등산로를 오르고 있고 이 등산로는 사당 능선이라는 긴 능선과 만나게 되어 있다. 낙성대 능선의 처음 부분은 서울 둘레길의 일부 구간이다. 흙길이고 길가에는 소나무, 굴참나무, 느티나무, 아카시아 나무들로 야산 숲을 이루고 있고 양지쪽 활엽수들은 황갈색으로 변해 일부는 한 잎 두 잎 지상으로 떨어지고 있었다. 응달 쪽의 활엽수들은 이미 단풍 단계를 지나 나뭇 잎 들이 다 떨어지고 앙상한 가지들만 남아 늦 가을의 스산한 풍경을 연출하고 있다.

평범하지만 약간 가파른 등산로를 오르다 보니 어느 지점에 갑자기 뾰죽뾰죽한 바위가 숲으로 둘러 싸여 있는 아름다운 소봉(小峰)이 하나 나타났다. 평범한 능선인 줄 알았다가 노상에서 우연히 귀인(貴人)을 만난 느낌이었다. 우회로도 있는 것 같았지만 거기를 버릴 수는 없었다. 비탈길을 바위 크랙을 올라가 보니 아름다운 돌(바위) 무더기 암봉인데 누가 붉은 페인트로 천봉(天峰)이라고 써 놓았다. 그 위에 올라가 내려다 보니 서울대 호암관과 교수 아파트 일대가 환히 내려다 보였다.

거기서 사진도 찍고 산행을 계속하였다. 이후의 등로는 이미 야산 수준의 등로가 아니고 제법 아기자기한 암릉 길이다. 한참 더 올라가니 천봉과 비슷한 풍모의 아름다운 암봉이 또 하나 나타났다. '선유천 국기봉'인데 정상에는 태극기가 펄럭이고 있었다. 선유천 국기봉에서 인증 샷 사진 한 장을 찍은 다음 암봉 비탈을 내려서면 비로 옆에 헬기장이 있다. (이름 없는 헬기장) 그 헬기장 옆의 이정표에는 연주대 2.5km라고 쓰여 있다. 거기서 능선길로 조금 올라가면 모바일 중계탑이 서 있고 그 옆에 전망 쉼터가 있었다. 그 전망 쉼터 3거리에는 이정표가 세워져 있는데 거기서 오른쪽으로 가면 낙성대 공원으로 내려가는 길이요 직진하면 연주대에 이르는 길이다.

그 전망 쉼터에서 능선길로 직진하여 더 가서 낙성대 능선과 사당 능선이 만나는 삼거리에 이르렀다. 오른쪽으로 가면 연주대 방향, 왼쪽으로 가면 사당역에 이른다. 연주대를 비교적 편히 가려면 오른쪽으로 가서 계속 연주대 방향으로 전진해야 한다. 그런데 믿음직스럽기도 하고 웬수 같기도 한 우리 등반대장은 왼쪽이나 오른쪽이 아니라 길도 없는 가운데 길(직진로, 원래는 길이었는데 지금은 폐쇄되어 있음)로 간다. 우리를 '파이프 능선길'로 끌고 가려는 것이다.

파이프 능선길 경유 연주대 등로는 이 일대에서도 유명한 험로이다.

웬수 같은 등반 대장은 우리를 험로로 끌고 갈 때는 절대로 험로라고 말하지 않는다. 턱으로 앞쪽을 가리키며 "저쪽으로 조금 갈거야"라고 말한다. 낙성대 능선과 사당 능선이 만나는 3거리에서 파이프 능선을 가려면 전에는 길이었다가 지금은 폐쇄된 가운데 길로 가야 한다(전에는 이곳이 4거리였다)

낙성대 능선에서 직진하여 가운데 길로 가는 길은 약간 내리막 길이다. 전에는 돌계단 등으로 등산로가 잘 정비되어 있었으나 지금은 폐로가 되어 방치되는 바람에 돌계단이 무너져 돌 위에 돌이 얹혀 있고 이어 붙인 돌과 돌 사이의 틈이 삐뚤 빼뚤 어긋나서 밟아 나가기가 쉽지 않다. 그런 험로를 한참 내려가면 계곡과 만난다.

그 계곡은 지금은 물이 말라서 그냥 건널 수 있지만 물이 많을 때는 건너지 못 할 수도 있는 자연그대로의 너덜 계곡이다. 그 계곡을 건너 비탈길로 계속 올라 붙는다. 낙엽이 쌓인 등산로를 발끝으로 헤집어 가면서 계속 오르는 것이다. 그렇게 해서 능선으로 올라 서 너럭 바위를 만났다. 그 너럭 바위의 바로 윗쪽에는 관악산의 최고 명물인 남근(男根) 바위가 위용을 자랑하며 서 있다.

 남근 바위가 있는 너럭바위 지점에서 속칭 파이프 능선 쪽으로 올라가는 비탈은 죽음의 험로이다. 저 밑에서 지금까지 올라온 높이와 걸어 온 거리가 얼마인데 여기서부터 파이프 능선까지는 까마득히 보이는 새로운 어떤 산이다. 사실 너럭바위에서 파이프 능선 산봉을 바라보면 하늘이 보이지 않는다. 그만큼 높기 때문이다.

산행수필(62)

관악산 낙성대 코스2

   남근 바위가 있는 너럭바위 지점에서 속칭 파이프 능선을 오르는 비탈은 죽음의 험로이다. 지금 우리가 오르고 있는 파이프 능선은 평평한 능선이 아니라 수직의 직벽이다. 즉 가파른 수직의 비탈로 우리 앞을 가로막고 있는 산봉들을 기다시피 타고 오르는 길이다. 저 밑에서 지금까지 올라온 높이와 걸어 온 거리가 얼마인데 여기서부터 완전히 새로운 등산을 다시 시작하는 것이다.

   사실 너럭바위 쪽에서 파이프 능선길 산봉을 바라보면 하늘이 보이지 않는다. 그만큼 높기 때문이다. 저게 끝인가 하고 하나의 암봉에 기어오르면 그 앞에 더 높은 암봉이 하나 더 있다. 그런데 하나의 암봉을 지나면 다음의 암봉 산록을 만날 때까지 비교적 수평의 능선길이 한동안 계속된다.

이 능선 겸 산비탈의 이름이 왜 파이프 능선인가? 연주대에 관악산 기상센터 그리고 무선통신 중계탑 같은 시설이 있는데 거기서 남태령의 군부대 쪽으로 연결되는 통신선이 쇠파이프 속을 통하여 연결되어 있는 것이다. 쇠파이프가 일부는 땅속에 묻혀 있기도 하고 일부는 지상에 들어나 등산로 옆에서도 다 보이고 하기 때문에 파이프 능선이라고 하는 것이다. 별로 운치 있는 이름은 아니라고 생각한다.

이 파이프 능선은 그 이름이 좀 거시기하기도 하고 또 녹슨 파이프가 군데군데 들어나 있어 눈에 거슬리기도 하지만 등산로 자체는 어느 명 코스 못지 않게 아기자기하고 아름답다. 그런데 이 파이프 능선을 다 오른 후 사당능선과 다시 만나는 지점에 이르러 우리는 이 올라온 지점이 출입 금지 지역임을 알았다. 플래카드가 걸려 있었다. 본의 아니게 비 법정 등로를 오른 셈인데 그만큼 금족의 능선은 아름다운 비경을 간직하고 있었다.

알고는 함부로 못 들어가는 파이프 능선은 다음과 같은 신비경을 감추고 있었다.

첫째 이 등산길은 대부분 암릉길로 되어 있는데 이 암릉길의 특징은 윗면이 약간 펑퍼짐하면서도 옆으로는 좁은 낭떨어지식으로 되어 있어서 마치 말안장 위의 모양을 하고 있다는 것이다. 그 암릉이 칼바위처럼 날카롭지도 않고 그렇다고 펑퍼짐하게 옆으로 퍼져 있지도 않다. 말 잔등위를 걷는 것과 같은 형국이다. 그래서 어떤 사람들은 파이프 능선길을 로데오 암릉이라고 부르기도 한다. 파이프 능선길을 오르는 길은 제멋대로 날뛰는 야생마의 말 잔등 위에 걸터앉아 로데오 경기를 즐기는 카우보이의 스릴을 맛보는 기분이다.

파이프 능선길의 두 번째 특징은 그 능선 구간에 밧줄 잡고도 올라가기 어려운 절벽 암봉 코스와 지독하게 위험한 슬랩 코스가 있다는 것이다. 암릉길로 올라가다가 절벽(슬랩, 암봉)을 만나면 수직으로 올라가서 일단 꼭대기를 거쳐 조금 다시 내려가서 평탄성 암릉으로 전진한다는 것이다. 슬랩, 암봉, 그리고 거기 지나 다시 로데오 암릉길… 이런식인데 그 로데오 앙릉길이나 암봉의 암체, 암벽 주변에는 바위틈 사이로 각종의 식생(나무, 풀)이 무성하게 자라고 있어 하나의 진경화(眞景畵)를 연출하고 있다.

파이프 능선 등산로를 한참 오르다 보니 치마 바위라는 너른장한 암릉이 나왔다. 거기서 앉아 쉬니 얼마나 편안한 지 거기서 가져온 귤도 까 먹으며 건너다 보니 연주대가 보이긴 보이는데 파이프 능선 가는 방향으로 보이는 것이 아니라 오른쪽으로 한 참 틀어진 위치에서 보인다. 직선 거리 상 연주대의 반대방향으로 질주해 온 셈이다. 산 모양이 그렇게 되어 있는 모양이다. 파이프 능선에서 연주대를 바라보니 연주대는 까마득히 먼 거리에 놓여 있고 파이프 능선과 연주대 사이에는 사당 능선 및 그 너머에 있는 산줄기가 줄줄이 겹쳐 있다.

관악산은 대산(大山)이다. 그만큼 우리가 갈 길이 까마득하게 멀다는 얘기다. 시계를 보니 이미 시간은 11시반을 넘었다. 점심 먹을 시간이 가까워 오고 있지만 등산팀의 리더는 연주대에 가서 점심을 먹는다고 한다. 지금 온 만큼 시간을 더 가야 할 모양이다. 믿음직스러우면서도 웬수 같은 대장이다.

산행수필(63)

관악산 낙성대 코스3

 파이프 능선이 끝나는 지점에서 등산로는 사당 능선을 다시 만나 그에 합류된다. 선유천 헬리포트 기점에서 사당 능선을 빠져나와 위험 구간인 파이프 능선을 지름길로 하여 활대처럼 휜 사당 능선 코스의 대척점에 다다른 것이다. 여기에 또 하나의 헬리포트가 있고 헬리포트 옆에 세워 놓은 119 위치 표시판에 새겨진 위치 번호가 K11지점이다. 여기서 사당 능선을 밟아 다시 올라가면 사당 능선과 용마 능선이 만나는 지점이 나오고 그 지점에서 용마 능선은 사당 능선에 흡수된 채 최종적으로 연주대 비탈로 기어오르는 것이다.
 K11지점에서부터 관악산 최고봉 연주대에 이르는 사당 능선 최종 구간은 관악산에서 최고 험로이다. 정조시대 영

의정을 지낸 채제공(蔡濟恭; 호 樊巖)이 『관악산 유람기』를 쓴 일이 있는데 거기에 이런 구절이 나온다.

길을 가다가 끊어진 길과 깎아 지른 벼랑을 만나기도 하였다. 그 아래가 천길 절벽이므로 몸을 돌려 절벽에 바짝 붙어 손으로 늙은 나무 뿌리를 바꿔 잡으면서 조금씩 발걸음을 옮겼다. 현기증이 나서 옆으로 눈길을 보낼 수가 없었다. 혹 큰 바위가 길 가운데를 막고 있는 곳을 만날 때면 앞으로 나아갈 수 없었다. (사이버문학광장: 채제공『관악산 유람기』에서 검색)

채번암 선생이 그때 지금 우리가 가는 이 지점을 지나면서 쓴 글이 아닐까? K11지점에서 사당 능선과 용마능선이 만나는 지점 (일명 559봉 기점)까지의 등산로는 비교적 평탄하다. 그렇게 완만하던 사당 능선이 K20 지점부터는 가파른 암벽길로 바뀐다.

K20지점에서 연주대 방향 암벽길에는 삼지창 모양의 방향 표시를 하여 놓은 이정표가 세워져 있다. 즉 앞으로 직진

하는 길과 왼쪽으로 가는 길과 오른쪽으로 가는 길 세 갈래 길이 있으니 그중에서 하나를 선택하라는 뜻이다. 왼쪽으로 가는 길은 수영장 능선 방향이고 직진 길과 오른쪽으로 가는 길이 모두 연주대 방향이다. 그런데 직진 길은 암벽길이고 오른쪽 길은 우회로이다. 이럴 때 우리 등산팀은 절대로 우회하는 길을 택하지 않는 고집이 있다. 하여튼 직진하여 암벽에 붙어야 한다.

그런데 그 안내판에는 직진 길에다가 주의 표시를 해 놓고 암벽등반 금지라고 쓰여있다. 도대체 그 길로 가라는 뜻인지 가지 말라는 뜻인지 알수가 없다. 암벽에 붙을까 말까 망서리고 있는데 선두는 벌써 다락같이 높은 곳에 올라가 있다. 죽으나 사나 따라 올라가야 된다. 죽는 소리 해 봐야 누가 동정하지 않는다. 스타일만 구길 뿐이다.

때로는 쇠줄도 잡고 때로는 쇠 공이도 잡고 바위 크랙에 매달리고 하여 암벽을 기어 오르니 그 암벽 끝에는 '관악문'이라는 천연 석문(石門)이 있다. 그 암봉은 완전히 화강암 돌무더기인데 그 돌무더기 중에 얹혀져 있는 바위 하나가 한반도 지도 비스므레하게 생겼다.

암봉을 넘어오니 등산팀 리더가 나를 기다리고 있다가 뒤를 돌아보라고 하면서 "어때요, 한반도 지도 똑 같이 생겼지요?"한다. 그럴 때 아니라고 하면 역적이 된다. 등산 세계에서는 중론이 그렇다고 하면 그런 것이다. 비스므레하게만 생겨도 그렇다고 인정하는 것이다.

정겨운 한반도 지도 바위를 뒤로 하고 조금 내려오니 '말대가리 바위', '아이스크림 바위'가 우리를 기다리고 있다. 암봉을 기어 오르느라 등에 땀이 펑 젖었는데 바위 원료의 소프트 아이스크림 한 입을 베어 먹으니 속이 다 시원해지는 것 같다.

산행수필(64)

관악산 낙성대 코스4

 아까 분명히 연주대 직진 방향이라고 해서 암벽을 타고 넘어 왔건만 연주대는 보이지 않고 애꿎은 능선 등산로만 계속되고 있었다. 도대체 연주대는 어디 있는 거야? 라고 하면서 능선길로 계속 진행해 K21표지판에 이르니 아까 K20 지점의 표지판과 똑 같은 삼지창 표지판이 서 있고 거기에 K20 암벽(암릉비탈)이 떡 버티고 있었다.
 아까와 똑 같은 표지판 그리고 아까와 똑 같은 암벽- 이건 또 뭐야 완전히 속았다는 느낌이 들었지만 이런 데서 이유를 붙이는 것은 괜히 어줍잖은 행동에 불과하다. 또 한 번 '암벽 등반 금지'라고 쓰여진 암벽길을 올라야 연주대에 이를 수 있다니 그냥 오를 수밖에. 또 한번 속을지도 모르지만 쇠줄 잡고, 쇠공이 잡고, 크랙에 매달리고 식식거리고 그렇게 해서 암벽을 오르니 그 정상이 바로 연주대 너럭바위 꼭대기 물두멍 바위 근처였다.

  연주대 오름에 성공했다. 원래 연주대란 관악산 정상석 위에 있는 응진전이라는 현판이 걸려 있는 암자가 세워져 있는 석축 위의 기단부를 말한다. 연주대 비탈에 세워진 관악산 최고봉 정상석에는 관악산 629m라고 쓰여 있다.

  정상석에서 사진 찍으면서 건너다보이는 곳에 무선통신 송신탑이 있고 그 옆에는 연주대의 랜드마크가 되는 축구공 모양의 둥그런 관악산 기상센터 건물이 세워져 있다.

  산 밑에서 이 관악산 정상을 보면 이러한 기상센터 건축물과 무선통신 송신탑 말고 또 다른 높은 송신탑 건축물들이 있는데 이것은 KBS, MBC, SBS 등 지상파 중계탑으로, 연주대에서 조금 떨어진 곳 관악산의 준(準)최고봉이라고 할 수 있는 고봉의 꼭대기에 세워져 있다. 남산타워에서 바로 연결되는 중계탑이다. 관악산 꼭대기의 에펠탑이라고나 할까? 문명과 자연은 연결되어 있다. 관악산 정상은 또 하나의 과학기지라는 생각이 들었다.

산행수필(65)

자운암 능선 하산1

　연주대 탐방을 마치고 자운암(慈雲庵) 능선 코스로 하산하였다. 자운암 능선 코스는 연주대에서 서울대 제2공학관 쪽으로 직접 내려오는 코스이다. 이 코스는 원래 도심으로부터 연주대에 올라갈 수 있는 최단의 등산 코스라고 한다. 쉽게 얘기하면 서울대 바로 뒤쪽에 관악산 정상이 있는데 서울대 캠퍼스에서 이리저리 돌지 않고 바로 뒷산으로 직진해서 올라가면 연주대가 있는 것이다.
　필자가 연주대에 올랐다가 자운암 능선 코스로 하산한 것은 이번이 처음은 아니고 두 번째이다. 먼저 왔을 때는 과천 쪽에서 올라와 연주대에서 도시락으로 늦은 점심 식사를 하고 자운암 능선으로 내려갔다. 과천 쪽에서 관악산을 오를 때는 오전의 밝은 햇살이 관악산 동쪽 비탈을 환하게 비춰 주었다. 연주대에서 오후 3시경에 자운암 능선으로 내려오면서 보니 이번에는 태양빛이 관악산 서쪽 비탈 즉 우리가 내려가는 비탈을 비춰주고 있었다. 연주대를 분기점으로 오전의 동쪽 햇살이 오후의 석양빛으로 바뀌고 있었다.

그때 쌩뚱 맞게 두보(杜甫)의 '망악(望嶽)'이라는 시에서 '산의 앞뒤로 아침과 저녁이 나뉘네(陰陽割昏曉)'라는 구절이 생각나 혼자 웃은 적이 있다. 그러면서 나는 두보 망악의 전반 네 구를 관악산 산경에 적용하여 다음과 같이 패러디하면서 혼자 크게 웃었다.

두보의 망악(오언 율시의 전반 4구)

岱宗夫如何, 齊魯靑未了, 造化鍾神秀, 陰陽割昏曉
(태산은 대저 어떠한가? 제나라와 노나라에 걸쳐 끝없이 푸르고나, 천지의 신성함 여기 다 모이고, 산의 앞뒤로 아침과 저녁이 나뉘네)

패러디 망악(관악산을 굽어보다)

冠嶽夫如何, 果冠靑未了, 造化鍾神秀, 陰陽割昏曉
(관악산은 대저 어떠한가? 과천시와 관악구에 걸쳐 끝 없이 푸르고나, 왕관 바위, 불꽃 바위, 아이스크림 바위, 6봉, 8봉, 새 바위…여기 다 모이고, 산의 앞뒤로 아침과 저녁이 나뉘네)

오늘, 푸르른 산등성이는 아니지만 울긋불긋 단풍 든 관악산 서향 비탈을 부드러운 오후의 햇살이 환하게 비춰주고 있다.
연주대에서 자운암 능선을 내려가려면 연주대에서 방송 3사 송신탑이 있는 쪽으로 조금 가다가 연주암에서 올라오는 계단 끝 지점에서 연주암의 반대 방향으로 오른쪽 비탈길로 접어들면 된다. 거기 기상센터 뒷쪽으로 인공으로 설치하여 놓은 헬기장이 있다. 헬리포트 지점에서 자운암 능선 가는 길은 험준한 비탈길이다. 가파른 낭떨어지 암릉 비탈을 줄 잡고 뒷걸음으로 하염없이 내려가야 된다.

그 암릉 비탈을 다 내려오면 약간씩의 수평으로 이어지는 아기자기한 암릉길을 만나게 된다. 이쪽의 관악산 암릉 바위들은 매우 부드러운 마사토 바위들이라 밟거나 매달리는 촉감이 매우 좋고 조금 질이 좋은 릿지화를 신고 밟으면 발바닥이 바위벽에 짝짝 붙어서 전혀 미끄럽지 않다.

산행수필(66)

자운암 능선 하산2

　자운암 능선 일원에는 아름다운 기암괴석 지대가 널려 있다. 첫 번째 만나는 암릉 지대가 빨래판 바위라고도 하고 칼바위라고도 하는 바위 능선이다. 상당히 가파르고 난삽한 구간이기는 하지만 암질이 부드럽고 표면이 미끄럽지 않아 그렇게 위험한 편은 아니다. 빨래판 바위에서 다시 가파른 비탈길을 줄 잡고 내려오면 평탄 구간 능선길이 한 참 계속된다. 길가에는 멍가나무 잎이 아는 척을 하고 싸리나무도 바람에 살랑이며 반가운 인사를 한다.

　그렇게 한참 내려오면 자운암 능선의 하일라이트 자운암 국기봉이 나온다. 관악산에는 유명한 국기봉이 수십 개가 된다고 하는데 이 국기봉도 그 중의 하나다. 전형적인 관악산 능선의 높은 암봉 위에 태극기가 걸려 있다. 국기 게양대까지 손으로 바위 등걸에 매달려 올라갔다가 심호흡을 하고, 인증샷 사진도 찍고 내려올 때는 타잔같이 밧줄을 잡고 내려왔다.

 알락달락 단풍 진 능선길을 내려오다 보면 제3왕관 바위라는 명물 바위봉이 나온다. 국내의 지형학적 성과들이 관악산의 특수한 지형(기암괴석 지형)에 대하여 어떻게 설명하고 있는지에 대하여는 문외한인 필자로서는 잘 모르는 일이지만 하여튼 저 지질시대에 용암이 분수처럼 땅속에서 솟아 오르다가 지표에서 굳은 것이 바위가 되어 수억년 지금까지 내려온 것이 아닌가 한다. 관악산에는 이와 같이 분출하다가 굳은 용암이 왕관의 모습을 한 것이 몇 개 있는데 이곳의 제3 왕관 바위도 그중의 하나다.

 아픈 다리를 이끌고 제3 왕관 바위도 둘러본 다음 거기서 기암 괴석 지대를 몇 개 지나 구불구불한 능선길을 밟아 내려오니 눈 앞에 서울대학교 공학관 건물들이 가까이 눈에 들어온다. 마침내 서울대학교 구내와 관악산 경내를 구분하는 철책 울타리 거의 다 온 지점에 자운암(慈雲庵)이라는 아름다운 암자가 있다. 자운암에 들러 마당 가운데에 있는 시원한 석간수 한 잔으로 목을 축이고 다시 절 문 바깥으로 나와 시멘트 포장길로 쭉 내려가면 서울공대 제2공학관 앞마당에 이르게 된다.

 거기서 한숨 돌리고 스틱을 접고 도로 면으로 한 30m 내려오니 공대 뒤쪽까지 올라오는 시내버스 정류장이 있다. 거기서 노선을 보아 사당역까지 갈 수도 있고 상도동 숭실대 입구까지 갈 수도 있다. 필자는 상도동 숭실대입구역까지 와서 7호선 지하철을 타고 귀가하였다.

산행수필(67)

예봉산-예빈산1

  2013년 5월 2일. 친구 6명이 팔당호가 내려다 보이는 예봉산과 예빈산을 올랐다.

  경의중앙선 팔당역에서 내려 굴다리 밑을 지나 팔당2리 마을회관을 지나면서 왼쪽으로는 예봉산이 그리고 오른쪽으로는 예빈산이 나란히 보인다. 민대장은 나를 보면서 오늘 목요 산행임을 감안하여 예빈산만 올랐다 내리는 것이 어떠냐고 물었다. 나는 여기까지 왔으니 예봉산과 예빈산을 같이 오르자고 하였다. 일행 중에서 산행 실력상 내가 제일 약하니까 내가 가자는 대로 가면 그날 등산은 무난할 것이라고 보는 것이 보통이다.

  민대장도 내가 예빈산만 가자고 했으면 그렇게 했을 것이다. (오후에 천둥번개를 동반한 비가 있을 것이라는 일기예보도 있었다.) 그러나 오늘 내가 이렇게 보다 어려운 코스를 택하자고 한 것은 모두의 예상을 깨는 일이었다. 왠지 오늘은 내가 한참 기(氣)가 오르는 느낌이다. 가끔이지만 그럴 때가 있다.

  팔당2리 마을 길을 지나다 보면 등산로가 나온다. 예봉산/예빈산 방향 갈림길의 표지판이 서 있는 곳에서 왼쪽으로 난 예봉산 등산길을 오르기 시작하였다. 등산로는 대체로 흙길이 많아 그렇게 오르기는 어렵지 않으나 모든 코스는 비교적 가파랐다. 꼬불꼬불 등산로 바위 등걸 능선도 한 두개 넘고 열심히 열심히 발품을 팔며 올라갔다.

  한 시간가량 부지런히 기어 올랐을까? 거의 정상 막판에 이르렀다고 보이는 지점부터 철계단 등산로가 놓여 있었다. 이 철계단과 흙길… 오늘은 제법 끼(氣)가 오르는 날이라, 나는 앞 발가락 쪽에 힘을 집중하고 뒷굼치는 들어올린 소위 '까치발 보법'(내가 개인적으로 개발한 보법?이다)으로 전 구간을 기어 올랐다.

  이렇게 오르다 보니 정상부까지 0.6km 남았다는 표지판이 있는 지점에 전망대가 하나 있었다. 그 전망대에서는 강 건너 검단산 전경이 환히 내다보이고 검단산 오른쪽 방향으로는 팔당 대교 일대가 환하게 보였다. 왼쪽 방향으로는 예빈산이 가로막고 있기 때문에 팔당호가 보이지는 않았다.

거기서 계속 가파른 계단을 오르니 이내 예봉산 정상이 나왔다. 예봉산 정상에는 '예봉산 683m'라는 글자가 새겨진 정상석이 있어서 친구들과 같이 인증샷 사진을 찍었다. 예봉산 정상에서는 우리가 올라온 방향 쪽으로 검단산이 환히 내려다 보였고 반대 방향으로 가면 적갑산이 나온다고 표지판은 가리키고 있다. 적갑산 방향으로 능선을 타고 시계방향으로 삼태기같이 한 바퀴를 휘돌면 예봉산 정상에서 동북쪽 방향으로 운길산이 나온다.

예봉산 산행과 운길산 산행을 연결해서 원샷에 할 수 있다고 하나 오늘은 초점을 예봉산과 예빈산 쪽에 맞추었기 때문에 운길산 등산은 다음 기회에 하기로 한다.

예봉산 정상에서 동쪽 방향을 내려다보니 두물머리 일대가 환히 보인다. 두물머리란 단양 충주 쪽에서 올라오는 남한강과 양구 춘천 쪽에서 내려오는 북한 강이 지금의 팔당호 부분에서 합수되는 지점이다. 북한강과 남한강의 두 물이 합치는 지점이라고 하여 양수리(兩水里)라고도 하는 곳이다. 예봉산 위에서 내려다 보니 두물머리 일대가 마치 지도를 보는 듯이 한눈에 보인다. 왼쪽에도 물, 앞쪽에도 물, 두 물이 오른쪽 방향의 팔당호에서 만난다.

산행수필(68)

예봉산-예빈산2

　예봉산 정상에서 두물머리 경치 감상을 마치고 예빈산 방향의 하산 코스를 택하여 내려갔다. 예봉산 정상의 바로 아래에는 앉아서 쉬고 점심 먹을 수 있는 공간들이 많이 있었다. 우리는 여기서 점심을 먹으면 좋겠다고 하면서 민대장의 눈치를 보았지만 민대장은 야생화에 렌즈를 대고 셔터를 누르는 등 딴전만 피운다. 점심을 먹고 쉬려면 아직도 한참을 더 가야 된다는 얘기다.

　멀리서 보았을 때는 예봉산과 예빈산은 가까이 연결되어 있는 것처럼 보이는데 실은 예봉산에서 예빈산 쪽을 가려면 산 하나를 다 내려와서 거의 바닥까지 내려온 다음에 다시 산을 오르기 시작하는 것이다. 예봉산에서 예빈산 쪽으로 내려오는 길에는 율리봉이라는 꽤 높은 봉우리도 있고 하산길이라 힘은 들지 않았지만 그 거리는 꽤 멀었다.

그 먼 하산길을 허위허위 걸어 내려오니 1시가 넘었다. 시장기도 들고 지친 다리도 쉴 겸, 예봉산 능선길 다 내려와서 점심 식사를 하였다. 점심 식사를 하는 중에 안개 구름이 낀 하늘에서 불청객인 빗방울이 떨어진다. 우비를 꺼낸다 우산을 쓴다 하고 우리를 호들갑을 떨게 할 만큼 비는 거세게 쏟아진다. 점심을 하고 나서 예빈산 쪽으로 출발하려 할 때 많은 고참 대원들이 비를 핑계로 하산길을 택하여 운길산역 쪽을 향하거나 팔당역 방향으로 가자고 한다. 다른 때는 나의 친구 고참 산꾼들이 중간에서 하산하자는 식으로 꾀부리는 일이 없었는데 이날은 이들이 오히려 꾀를 부리는 형국이다.

민대장이 그러면 저기 명품 소나무 있는 데까지 가서 사진만 찍고 내려오자고 한다. 정말 사진만 찍고 내려올까 반신반의하면서 내가 먼저 따라 나서니까 꾀부리던 나의 친구들도 못이기는 척 끌려온다. '명품 소나무까지만'이라고 한 것은 민대장의 속임수였다. 사진 몇 커트 찍고 나더니 안면

몰수하고 대장은 우리를 끌고 예빈산 쪽으로 올라간다.

그렇게 해서 한참을 올랐을 때 예빈산 견우봉(590m) 정상이다. 예빈산에서는 좌측으로 두물머리와 우측으로 검단산은 물론 팔당호 호수 중앙부가 정면으로 다 내려다보인다. 팔당호는 팔당댐에 의해서 갇힌, 북한강, 남한강, 경안천의 3개 하천물이 합쳐진 거대한 호수이다. 미국 5대호 지역의 미시간호를 시카고 쪽에서 내다보거나 온타리오호를 토론토 쪽에서 내려다볼 때 끝이 안 보여서 이것이 호수인지 바다인지 구분이 안간다고 생각한 적이 있었다. 예빈산에서 내다보는 팔당호는 미국의 5대호만은 못해도 우리나라에서는 제일 넓은 호수이다. 망망대해 같은 팔당호 일대를 내려다보니 가슴이 탁 트이는 것 같다.

견우봉에서 능선을 타고 한참을 걸으니 예빈산의 직녀봉(475m)이 나왔다. 예빈산은 견우봉과 직녀봉 두 봉우리가 낙타 등 모양을 하고 있는 산이었다. 직녀봉에서 또다시 팔당호를 내려다보며 일대의 경치를 배경으로 사진도 찍었다.

직녀봉에서 승우봉 쪽으로 내려오면 산비탈에 천주교 묘지가 있다. 천주교 묘지를 따라 내려가면 팔당댐 즉 팔당 수

력발전소 정문 앞으로 통하는 수직코스 하산길이 있다. 그리로 내려와서 팔당댐 정문 앞에 있는 버스정류장에서 버스를 타고 덕소역까지 와서 경의중앙선 전철을 타고 귀경하였다.

지금은 예봉산과 예빈산의 명칭을 구분해서 부르지만 조선 시대에는 예봉산 이름 자체가 예빈산이었다고 한다. 이 일대가 예빈산이라는 이름을 갖게 된 이유는 조선시대 정부 관서 중 손님을 맡아 보던 관아에서 예빈시(禮賓時)에 그 비용의 충당을 위하여 나무 벌채권을 주었고 그 나무 벌채를 하던 산지가 예봉산 일대였기 때문에 예빈산으로 불리게 되었다고 한다.

그렇게 스릴이 있거나 모험을 동반하는 코스는 아니었지만 아기자기하고 정감이 가는 산행이었다.

예빈산에서 내려다 보이는 북한강, 남한강, 경안천이 합수되는 팔당호 일대에 그 주변의 검단산, 예빈산, 운길산 그리고 팔당호 건너편의 이름 모를 산들의 하안선(河岸線) 들이 연출하는 정경은 『김삿갓 방랑기』에 나오는 산수시(山水詩)의 일절을 생각나게 하였다.

山欲渡江江口立(산욕도강강구립)

水將穿石石頭廻(수장천석석두회)

산은 강을 건너고자 강가에 서 있고

물은 돌을 뚫고자 돌머리를 맴도네

산행수필(69)

두물머리1

2019. 11. 21.

오랜만의 야외 나들이다. '청산별곡 세븐티(70)'의 기치를 내걸고 70대 노익장들이 서울 근교를 누비고 다니던 목요 산행의 대열에서 하차한 지도 2년여의 세월이 지났다.

전에 가 보았지만 또 가보고 싶은 곳 두물머리 물래길 7.5km를 모두 다 70대 후반을 달리는 고등학교 동기 4명이 함께 걸었다. 두물머리(경기도 양평군 양수리)의 걷기 코스 에는 '두물머리 물래길'이라는 명칭이 붙어 있다. 원래 양평 군에서 정한 두물머리 물래길의 코스는 경의중앙선 양수역 에서 시작하여 두물머리 한바퀴를 돌아서 다시 양수역으로 되돌아오는 코스이다.

우리는 오늘 이 코스를 약간 변형하여 양수역에서 한 정거장 못 미쳐 있는 운길산역에서 시작하여 종착점을 양수역으로 하는 것으로 하였다. 운길산역에서 강변의 자전거도로를 타고 남쪽으로 조금만 걸어가면 구 북한강 철교가 나온다. 옛날의 중앙선 철교를 자전거길과 도보 산책로로 개조한 다리이다. 즉 구 북한강 철교의 레일을 들어내고 거기에 인조목 널빤지를 깔아 자전거길과 보행로로 개조한 것이다.

이 북한강 철교의 길이는 약 700m, 오늘 11월 하순의 날씨, 영하로 내려가지는 않았지만 아침 10시경 온도는 영상 1~2도 수준, 철교 위 자전거길에는 초겨울 찬바람이 매섭고 다리 아래로는 시퍼런 북한강물이 출렁이고 있다. 지난 초가을 어느날 이곳에 왔을 때는 다리 위로 북한강 산들바람이 불어 오고 다리 아래 코발트 빛 북한강은 거울같이 잔잔하더니 11월 하순의 오늘은 전혀 딴판이다. 초겨울 찬 바람이 70대 후반 노인 일행의 볼따귀를 매섭게 후려친다. 그래도 기죽을 우리가 아니다. 어디까지나 보무당당 북한강 철교를 넘었다.

북한강 철교길을 지나면 자전거길은 계속되고 우리는 철

교가 끝나는 지점에서 우측으로 난 인조목 계단 길로 내려갔다. 그 계단 길 끝에서 '양수리 환경 생태 공원'이 시작된다. 원래 두물머리 일대는 하나의 섬이다. 양서면 사무소와 양수역이 있는 육지에서 조금 떨어진 일종의 긴 강섬(江島)인 것이다.

두물머리 강섬의 환경 생태공원은 강섬의 고수부지 같은 곳에 조성된 강변의 생태숲이다. 양수리 환경 생태 공원을 지나는 강변 흙길 산책로의 이름이 '물래길'이다.

북한강 철교 지점에서 두물머리 나루터 방향으로 물래길을 걷는다. 이 길은 오른쪽에 북한강(팔당호 상류)을 끼고 수변에 조성된 오솔길인데 왼쪽 고수부지 벌판엔 야생 수목과 각색 야생화초가 수북하던 곳이다. 지금은 수목의 잎새들은 다 떨어지고 야생화초는 다 시들어 잡초의 군락처럼 되어 있다.

두물머리 수변은 원래가 갈대의 숲이다. 강변의 둑 위에도 그리고 둑이 물 속에 잠긴 부분에도 갈대숲이 우거진 곳인데 지금은 잎과 줄기가 시든 채 어떤 놈은 허리를 숙이고 고개를 물속에 처박고 있다.

거기서 좀더 내려가면 생태연못으로 이어지는 작은 개울이 나오고 개울 위에는 춘향이 이도령 만나던 오작교 같은 작은 무지개 다리도 놓여 있다. 지금은 조락의 계절이라 울긋불긋 화려하지는 않지만 여전히 사방팔방이 탁 트인 강섬의 둘레길이다.

여기서 더 내려가면 물래길은 팔당쪽에서 양수리를 연결하는 (구)양수대교를 만난다. 물래길은 (구)양수대교의 교각 밑을 지나 호반의 언덕길을 타고 계속 남쪽으로 이어진다. (구)양수대교 지점을 벗어나면 오른쪽에는 한강 물환경 연구소라는 정부 시설이 있고 길 왼쪽에는 광대한 농원이 펼쳐져 있다. 그 길이 끝나는 지점에 물 환경 연구소 진입 도로가 나오고 그 도로를 건너면 또 하나의 아름다운 오작교 다리가 나온다. 농원길에서 오작교 다리를 건너기까지 아기자기한 물래길은 계속된다.

북한강 철교에서 찬바람을 온몸으로 맞고 양수대교 교각 밑 강변 둘레길을 지나 여기까지 허겁지겁 오니 어디에 걸터 앉아 다리를 좀 쉬고 싶은 생각이 절실하다. 그런데 이게 웬일인가, 오작교 다리 건너 좁다란 비상도로 쪽으로 접어

들었을 때 여기에 '에너지 생태 체험 공간'이라는 안내판이 붙여진 널따란 쉼터가 나타났다. 일행은 여기서 간식을 나눠먹고 잠시 쉬었다가 길을 재촉한다.

거기서부터 계속 남쪽으로 내려가면 신양수대교가 지나는 교각 밑으로 길이 이어진다. 신양수대교 교각 지점을 지나면서부터는 농원이나 과수원들은 이미 다 사라지고 길가에 억새와 잡목들이 호수 바람에 흔들리는 완전 생태숲만 이어진다.

계속 이어지는 두물머리 물래길은 마침내 양수리의 케이프타운(희망봉: 필자가 여기서 잠정적으로 붙여본 이름이다) 두물경에 이른다. 이 지점에는 둥글 넓적한 화강암 가로비가 건립되어 있다. 그 대형 돌비에는 "두물경"이라는 장소의 이름이 새겨져 있고 거기에는 그보다 조금 작은 글씨로 "남한강 북한강이 하나된 두물머리, 겨레의 기적이 숨쉬는 우리의 한강"이라는 글귀가 새겨져 있다.

여기가 바로 오늘 우리의 산책로의 반환점인 두물머리의 세 부리(岬) 지점 중의 하나가 되겠다. 여기까지가 오늘 우리 일행의 두물머리 걷기의 전반부이다. 양수리 강섬의 최남단 두물경에서 두물머리 일대의 팔당호를 내다본다.

  아름다운 두물경이다. 이 경치의 아름다움을 "두물경" 대형 돌비의 뒷면에 새겨져 있는 황명걸 시인의 "두물경에서"라는 시의 첫째 연(聯)이 잘 말해준다.

    겸재의 '족잣 여울'과는 달라졌으나
    북한강 남한강 두 물 합치며
    묘를 이룬
    두물머리는 한 폭 청록 산수화
    예나 이제나 산자수명이라.

산행수필(70)

두물머리2

  지금 두물머리에는 세 개의 곶(岬)이 조성되어 있다. 수년 전에 가 보았을 때는 두물머리 나루터 하나만 있는 줄 알았는데 지금 필자가 가고 있는 방향에서 보면 방금 지나친 두물경과 거기서 조금 더 가면 만나는 두물머리 나루터와 그 다음의 400년 묵은 느티나무 보호수 동산, 이 세 가지가 그것이다.
  일행은 두물경에서 잠시 머물렀다가 두물머리 나루터쪽으로 발길을 옮긴다. 두물머리 나루터에는 지금은 쓰지 않는 콩크리트 접안 시설이 있고 그 옆에는 "두물머리 나루터"라는 글자가 새겨진 돌비와 나루터의 유래를 말해주는 안내 간판이 세워져 있다.

두물머리 나루터는 남한강 최상류의 물길이었던 강원도 정선과 충북의 단양, 그리고 물길의 종착지인 뚝섬과 마포나루를 이어주던 마지막 정박지였다. 두물머리 나루터에는 젊은 느티나무 동산이 조성되어 있고 그 느티나무 앞에는 소원을 들어주는 나무라는 글자가 새겨진 화강암 와비가 놓여있다.

거기에서 필자는 같이 간 친구 중의 한 사람에게 "어이, 친구 여기서 장가 한 번 더 가게 해 달라고 빌어보지"라고 농담을 건넸다. 그런데 이 친구는 대꾸도 없이 그 돌비(나무) 앞에서 두 손을 모으더니 "나무님 우리 마누라 부디 건강하게 해 주세요!"라고 비는 것이 아닌가? 필자는 친한 친구라고 농담을 건넸다가 뒤통수를 한 방 얻어맞은 느낌이었다.

두물머리 나루터 소원을 빌어주는 쉼터는 청춘 남녀 노소 어린이…모름지기 이곳을 방문한 순례객들이 이곳에 왔다 갔음을 증명하는 인증샷을 찍는 곳이다. 느티나무를 배경으로 사진을 찍을 수도 있지만 느티나무 옆에는 4각의 액자형 포토존이 있다. 그 4각의 프레임 안에서 기념사진을 찍으면 그 사진은 셔터를 누르는 순간 영화 "바람과 함께 사라지다"

의 주인공 버트 랑카스터와 엘리지베스 테일러가 석양을 배경으로 키스하는 장면을 찍은 포스터가 된다.

　두물머리 나루터에서 동쪽으로 조금 더 간 곳에 400년 수령을 자랑하는 유명한 느티나무 보호수가 자리하고 있고 그 보호수 주변에 안락한 나무 벤치가 있어 걸음에 지친 탐방객들이 그 그늘에서 쉬고 있다. 두물머리 나루터와 보호수 동산 쉼터 사이의 움푹 들어간 수변 잡초의 숲에는 유명한 두물머리 황포 돛배가 매어져 있다. 교통 수단으로서의 기능은 전혀 없지만 옛날의 이 나루터에 정박해 있던 나룻배 중의 하나가 저 모습이 아니었을까 상상의 나래를 펴게 해 준다.

　일행은 보호수 쉼터까지 돌아보고 이제 오늘 물래길 코스의 후반부 절반에 해당하는 북상길에 올랐다. 양수로 139번 길이라고 이름 붙여진 이 길은 두물머리 부분에서부터 양수 2리까지 곧게 곧게 뻗어 있다. 왼쪽은 양수섬 육지요 오른쪽은 팔당호 수변이다.

　두물머리 부분을 출발하여 길따라 올라가는 이 길 초입의 육지 부분에는 연밭(蓮圃)이 조성되어 있어 7~8월 부녀자

앞치마 넓이 만한 연잎들이 온 밭을 가득 메우고 홍련, 백련, 가시연들이 그 아름다움을 뽐내던 곳이다. 지금은 초겨울 된서리에 연잎은 시들어 젖은 행주 마냥 늘어지고 허리 꺾인 줄기들이 논 바닥에 널부러져 있다. 그러나 지금의 이 장면은 결코 시각의 문제일 뿐이다. 내년 초여름만 되면 일대는 녹색의 지상 천국으로 다시 돌변한다.

길 오른쪽에는 수변의 낭떠러지와 산책로의 경계선으로 옛날식의 벽돌과 기와로 지어진 낮으막한 담장이 쳐져 있어 운치를 더해 주고 있다. 연밭이 끝나는 지점을 지나면서 오른쪽으로 세미원(洗美苑)으로 연결된 배다리를 만난다. 배다리 입구에는 홍살문도 있고 배다리의 좌우 양측 난간에는 울긋불긋 조선 시대 깃발(營旗)들이 꽂혀 있다.

이 배다리는 정조대왕이 수원부에 있는 아버지 사도세자의 능(顯陵園)을 참배할 때 한강에 배다리를 만들어 임금이 연(輦)을 탄 채 건널 수 있도록 만들어 놓았던 배다리를 재현하여 놓은 것이다. 원래 노량진에 배다리를 놓을 때 임금이 총애하던 신하 다산 정약용이 그 공법을 설명하는 글을 올려 공을 세운 일이 있었다. 다산의 생가 유적지가 두물머리 건너편 조안면 능내리에 있다는 지역 연고를 살려 양평군에서는 이곳에 한강 배다리 즉 열수주교(洌水舟橋)를 재현해 놓은 것이다.

배다리 건너편에 조성되어 있는 세미원은 양평군에서 설립한 재단법인으로서 물과 연꽃을 주제로 한 인공 수변 생태공원으로 유료시설이다. 양수로 139번길의 열수주교 입구의 맞은편에는 이 세미원의 부속 시설인 상춘원(常春園)이 조성되어 있다. 이는 대형 비닐하우스 안에 조선시대 궁중 온실(매화와 동백 등을 기르는)과 겨울철에도 채소를 기를 수 있는 온실 텃밭을 조성해 놓은 것이다.

일행은 열수 주교 입구와 상춘원 입구에 눈길을 주며 이곳을 지나 양수로 139번길을 계속 진행한다. 여름의 녹음이 짙을 때면 가로수 터널을 이루는 이 길은 지금은 나뭇잎들이 많이 떨어져 숲 그늘은 엉성해져 있다. 어쨌든 이 길은 어렸을 때 고향 마을에서 많이 걸어보았던 강변 제방 뚝의 모습으로 한결같이 우리를 반겨 주고 있다.

스페인의 산티아고 순례길, 제주도 올레길이 둘레길의 세계적 명소라고는 하나 아는 사람만 아는 이 양평 두물머리 물래길은 어디에 내어 놓아도 손색이 없는 우리들만의 명품 순례길이다.

물래길 걷기의 마지막 프로그램으로 일행은 양수리 '갱변식당'에서 양념 돼지 갈비로 식사 타임을 가졌다. 이 식당 이름 '갱변'은 '강변'이라는 말의 경기도식 사투리가 아닐까 한다.

식사와 함께 일행은 정해진 시간 계획에 거의 어긋남이 없이 양수역 돌아와 귀경하는 전철을 탔다. 차를 기다리는 동안 둘러본 양수역 대합실의 벽면에는 정겨운 양수리를 읊은 박문재 시인의 시 '양수리로 오시게'가 걸려 있었다.

양수리로 오시게 (박문재)

가슴에 응어리진 일 있거든
미사리 지나 양수리로 오시게
청정한 공기 탁 트인 한강변
소박한 인심이 반기는 고장
양수대교를 찾으시게

연꽃들 지천을 이룬 용늪을 지나

정겨운 물오리 떼 사냥놀이에 여념이 없는

아침 안개 자욱한 한 폭의 대형 수묵화

이따금 삼등 열차가 지나가는 무심한 마을

양수리로 오시게

(이하 생략)

청산별곡 70

초판 1쇄 발행 | 2020년 11월 25일

지은이 | 오두범
발행인 | 장문정
발행처 | 문예바다
    등록번호 | 105-03-77241
    주소 | 서울 중구 삼일대로 4길, 9 (라이온스빌딩)1204호
    전화 02) 744-2208
    메일 qmyes@naver.com

ⓒ 오두범, 2020. Printed in Seoul, Korea

ISBN 979-11-6115-113-7 (03810)

* 이 책의 판권은 지은이와 출판사에 있습니다.
 양측의 서면 동의 없는 무단복제를 금합니다.